HANNAH FREY

CLEAN EATING

BASICS

DER NATÜRLICHE WEG IN
EIN NEUES LEBENSGEFÜHL

Cleane Power
REZEPTE

QUALITÄTS
G|U
GARANTIE

DIE GU-QUALITÄTS-GARANTIE

Wir möchten Ihnen mit den Informationen und Anregungen in diesem Buch das Leben erleichtern und Sie inspirieren, Neues auszuprobieren. Bei jedem unserer Produkte achten wir auf Aktualität und stellen höchste Ansprüche an Inhalt, Optik und Ausstattung. Alle Informationen werden von unseren Autoren und unserer Fachredaktion sorgfältig ausgewählt und mehrfach geprüft. Deshalb bieten wir Ihnen eine 100 %ige Qualitätsgarantie.

Darauf können Sie sich verlassen:
Wir legen Wert darauf, dass unsere Gesundheits- und Lebenshilfebücher ganzheitlichen Rat geben. Wir garantieren, dass:
• alle Übungen und Anleitungen in der Praxis geprüft und
• unsere Autoren echte Experten mit langjähriger Erfahrung sind.

Wir möchten für Sie immer besser werden:
Sollten wir mit diesem Buch Ihre Erwartungen nicht erfüllen, lassen Sie es uns bitte wissen! Wir tauschen Ihr Buch jederzeit gegen ein gleichwertiges zum gleichen oder ähnlichen Thema um. Nehmen Sie einfach Kontakt zu unserem Leserservice auf. Die Kontaktdaten unseres Leserservice finden Sie am Ende dieses Buches.

GRÄFE UND UNZER VERLAG
Der erste Ratgeberverlag – seit 1722.

KGS

Clean Eating? Schon wieder was Neues? Nein, was Altes ...

Meine Großeltern haben noch im eigenen Garten Gemüse, Kräuter und Obst angebaut. Sie aßen, was der Garten hergab oder was beim Bauern von nebenan verfügbar war – so landeten stets regionale und saisonale Lebensmittel auf ihren Tellern. Mit dem Siegeszug der Nahrungsmittelindustrie haben sich unsere Ernährungsgewohnheiten jedoch stark verändert: Fast Food und Fertigprodukte stehen nahezu tagtäglich auf dem Speiseplan vieler Menschen, denn Essen muss schnell verfügbar und billig sein. Dabei kann Fertigessen zu Übergewicht führen, denn es enthält zu viel Zucker, Fett und Salz. Die in ihm verarbeiteten Zusatzstoffe stehen zudem in Verdacht, chronische Krankheiten und Allergien auszulösen. Heute sind sich alle Ernährungsexperten einig, dass industriell verarbeitete Nahrungsmittel ungesünder sind als naturbelassene Lebensmittel. Und obwohl wir das wissen, essen wir trotzdem viel

Clean Eating ist keine neue Idee, sondern die Rückbesinnung auf die natürlichen Ursprünge unserer Nahrung, eine reformierte Art der Vollwerternährung.

zu häufig Fast Food & Co. Meine persönliche Clean-Eating-Reise begann vor einigen Jahren: Während des Studiums der Gesundheitswissenschaften lernte ich, die Gesundheit anderer Menschen zu fördern – meine eigene Gesundheit allerdings blieb zwischen Uni, Job und Privatleben auf der Strecke. Plötzlich musste ich selbst einkaufen und kochen – und griff dabei häufig zu Fertigprodukten. Zudem verbrachte ich viele Stunden am Schreibtisch, statt mich zu bewegen. So wurde ich zunehmend träger und hatte jeden Mittag mit einem

Leistungstief zu kämpfen. Dass ich etwas ändern musste, machte mir nicht nur der Blick auf die Waage deutlich, sondern auch mein Wohlbefinden. Es folgten einige Diäten, bis ich schließlich auf die Clean-Eating-Philosophie stieß. Mir war sofort klar: Das ist es! Ich ernährte mich damals bereits seit über zehn Jahren vegetarisch und häufig auch vegan. Seit ich mich jedoch auch clean ernähre, ist das Mittagstief Geschichte. Ich habe einige überschüssige Kilos verloren und fühle mich heute fitter und vitaler. Seit meiner Ernährungsumstellung gehe ich auch mit anderen Augen durch den Supermarkt. Ich kaufe viel achtsamer ein als vorher: Jedes Nahrungsmittel wird eingehend geprüft, bevor es in meinem Einkaufskorb landet. Der Blick auf die Zutatenliste ist obligatorisch. Auf Weizenmehl zu verzichten fällt mir nicht schwer – nur der Zucker lockt manchmal. Doch glücklicherweise gibt es für jedes Gericht auch eine Clean-Eating-Variante und ab und an gönne auch ich mir eine nichtcleane Schokolade oder ein Stück Kuchen.

NEUE GESCHMACKSVIELFALT

Ich habe gelernt, dass eine gesunde Ernährung nicht langweilig sein muss und absolut alltagstauglich ist – viele Clean-Eating-Gerichte können in weniger als 30 Minuten zubereitet werden! Heute ist mein Speiseplan abwechslungsreicher, vielfältiger und bunter als früher, denn ich habe viele neue Lebensmittel entdeckt, die ich vor Clean Eating noch gar nicht kannte. Für mich steht der Genuss im Vordergrund – der keinesfalls einen Widerspruch zu einer gesunden Ernährung darstellt, ganz im Gegenteil! Unsere Nahrung ist nicht nur dazu da, unseren Hunger zu stillen, wir wünschen uns Mahlzeiten, die gut schmecken und deren Zubereitung Spaß macht. Lebensmittel sind Energiequellen, die unseren Körper mit wichtigen Nährstoffen und Lebenskraft versorgen – und für unser körperlich-seelisches Wohlbefinden unverzichtbar sind. So habe ich etwa zur gleichen Zeit, als ich mit Clean Eating begann, Yoga für mich entdeckt, denn eine gesunde Ernährung geht immer auch mit ausreichender Bewegung einher.
Machen Sie es wie ich: Drücken Sie die »Reset-Taste« und starten Sie mit Clean Eating und Yoga neu durch.
Ihre

Hannah Frey

Clean Eating ist abwechslungsreich und das Richtige für Genießer, die sich gesund ernähren wollen.

CLEAN EATING

DER NEUE WEG

**Wer gesund leben möchte,
stellt sich viele Fragen.**

WAS KANN ICH ESSEN & TRINKEN?

Was darf überhaupt im Einkaufswagen landen?

WIE FUNKTIONIERT GESUNDE ERNÄHRUNG
GANZ PRAKTISCH IM ALLTAG?

Was hält leistungsfähig und fit?

Was bringt Körper, Geist und Seele
in Einklang?

Was sorgt für Wohlbefinden?
**Clean Eating gibt darauf
klare Antworten.**

CLEAN EATING – WAS IST DAS?
ISS DICH GANZ BEWUSST
GESUND & FIT

Während die Vollwertküche der 1980er-Jahre wegen der Getreidebreis und Frischkornmüslis heute als unsexy gilt und noch immer gegen ein Öko-Müsli-Image zu kämpfen hat, ist Clean Eating frisch und modern.

Clean Eating bedeutet wörtlich so viel wie »reines, sauberes Essen«. Der Begriff wurde Mitte des 20. Jahrhunderts in den USA geprägt. Adele Davis, Ralph Nader und andere Autoren hatten bereits über dieses Thema geschrieben, doch erst als die US-Amerikanerin Tosca Reno ab 2007 mit ihren »Eat-Clean-Diet«-Büchern Furore machte, wurde Clean Eating zu einem weltweiten Trend.

Cleane Nahrungsmittel entdecken

An den Prinzipien einer gesunden Ernährung hat sich kaum etwas geändert – an der Umsetzung dagegen umso mehr. Beim Clean Eating wird eingekauft, gekocht und gegessen wie zu Großmutters Zeiten. Was einfach klingt, ist heute oft gar nicht so leicht umzusetzen, denn unsere Gewohnheiten haben sich durch unseren modernen Lebensstil und die zunehmende Industrialisierung der Nahrungsmittelherstellung extrem verändert. Das Angebot an Nahrungsmitteln ist so groß wie nie. Fertiggerichte und Fast Food sind allgegenwärtig, natürliches Essen dagegen ist nahezu in Vergessenheit geraten. Clean Eating ist die Antwort auf die negativen Folgen unseres modernen Ernährungsstils. Neu sind Superfoods und grüne Smoothies, die eine gute Möglichkeit sind, sich auch in stressigen Zeiten gesund zu ernähren.

Das Ernährungskonzept Clean Eating bedeutet kurz zusammengefasst: »Iss nur natürliche und unverarbeitete Lebensmittel!«

»DU BIST, WAS DU ISST!«

Das Motto der Clean-Eating-Bewegung lautet: »Du bist, was du isst!« Je mehr gesunde Lebensmittel Sie essen, desto besser und fitter fühlen Sie sich. Wird dem Körper täglich ungesunde Nahrung zugeführt, kann er nicht gesund bleiben. Also lohnt es sich, die eigenen Ernährungsgewohnheiten zu hinterfragen. Geben Sie Ihrem Körper alle Nährstoffe, die er benötigt, und ersparen Sie ihm unnötigen Ballast? Ziel des Clean Eating ist es, von industriell verarbeiteten Lebensmitteln wegzukommen und wieder möglichst naturbelassene und frische Lebensmittel zu essen. Meist ernähren wir uns zu süß, zu fettig, zu salzig und zu einseitig, verspeisen zu viel Fast Food und zu viele Fertigprodukte. Gleichzeitig essen wir zu wenig naturbelassene Nahrung und nehmen zu wenig Ballaststoffe, Mineralstoffe und Vitamine zu uns. Die Folgen können eine Reihe ernährungsbedingter Zivilisationskrankheiten sein, wie etwa Adipositas, Karies, Diabetes Typ 2, Herz-Kreislauf-Erkrankungen und Allergien. Clean Eating ist eine Möglichkeit, wieder gesünder zu leben. Denn natürliche Lebensmittel sind der Schlüssel zu einer gesunden Ernährung und damit zu mehr Gesundheit.

Gesund bleiben!

Ein Ernährungskonzept, keine Diät

Clean Eating ist ein ganzheitlicher, nachhaltiger Lebensstil, eine Ernährungsumstellung, keine Diät. Der Wunsch abzunehmen sollte daher auch nicht die vordergründige Motivation sein, sich clean zu ernähren. Im Fokus steht vielmehr, gesund zu bleiben oder wieder gesund zu werden. Wenn Sie Ihre Ernährung auf Clean Eating umstellen, kann es jedoch durchaus sein, dass Sie das ein oder andere Kilo verlieren, besonders, wenn Sie sich bisher tendenziell von Fertigprodukten und Fast Food ernährt haben. Beim Clean Eating werden jedoch weder Kalorien noch Punkte gezählt. Statt der Quantität steht die Qualität der Lebensmittel im Vordergrund. So bleibt der altbekannte Jo-Jo-Effekt garantiert aus!

Clean Eating macht Spaß: Der Genuss, die Geschmacksvielfalt und die Freude am bewussten Essen und am Kochen stehen im Vordergrund, nicht jedoch der Verzicht.

Cleane Ganzheitlichkeit mit Yoga

Clean Eating fördert Ihre Gesundheit, Ihr Wohlbefinden und Ihre körperliche und geistige Leistungsfähigkeit aber auch, weil es einem ganzheitlichen Ansatz folgt, der neben der Ernährung auch Bewegung einschließt. Wem schon beim Treppensteigen die Puste ausgeht oder wer den Bauch einziehen muss, weil die Hose kneift, wird wissen, dass er regelmäßige Bewegung und Sport in seinen Alltag integrieren und zu einer Gewohnheit machen muss. Yoga kann viele körperliche Beschwerden lindern, aber auch präventiv wirken. Zudem sorgt die indische Lehre für eine innere Balance und wirkt somit dem Alltagsstress entgegen. Clean Eating und Yoga ergänzen sich perfekt, denn die moderne Vollwertkost und die jahrtausendealte yogische Ernährung haben viel gemeinsam.

WEG VON CONVENIENCE FOODS
HIN ZUM
CLEAN EATING

Fertigprodukte verheißen vor allem Zeitersparnis und Arbeitserleichterung – allerdings auf Kosten unserer Gesundheit.

Die Industrialisierung der Nahrungsmittelproduktion begann in der zweiten Hälfte des 19. Jahrhunderts mit der Erfindung der Konservendose. Ende des 19. Jahrhunderts waren die ersten Tiefkühlprodukte und Fertiggerichte auf dem Markt. Nach dem Zweiten Weltkrieg eroberte Convenience Food (»bequemes Essen«) unsere Supermarktregale, denn Fertiggerichte galten als fortschrittlich und zukunftsweisend.

Mit Clean Eating lassen Sie industriell hergestellte Nahrungsmittel links liegen, kommen der Natur wieder ein Stück näher und kochen Ihre Speisen selbst.

Bequemes Essen

Immer raffinierter lockt die Nahrungsmittelindustrie seither mit schnellen und unkomplizierten Mahlzeiten: Der Konsum von industriell verarbeiteten Nahrungsmitteln steigt stetig. Meist greifen wir aus Zeitgründen, Bequemlichkeit oder wegen mangelnder Kochkünste zu Fertigprodukten. Ob Tiefkühlpizza, Dosenravioli, Tütensuppe, Fischstäbchen oder Mikrowellengericht – das Angebot ist riesig. Zudem sind die Produkte »gelingsicher«, auch wenn man nicht kochen kann, und in wenigen Minuten »verzehrfertig«. Inzwischen gibt es abseits der Obst- und Gemüseabteilung kaum noch Nahrungsmittel, die nicht industriell verarbeitet sind. Durchschnittlich verzehrt jeder Deutsche 40 Kilogramm Tiefkühlkost pro Jahr. Besonders beliebt ist die Tiefkühllasagne, die es trotz des Analogkäseskandals 2009 und des Pferdefleischskandals 2013 wieder an die Spitze der Beliebtheitsskala geschafft hat.

Einheitsbrei

Je nach Verarbeitungsgrad nimmt die Industrie dem Verbraucher die Vorbereitung oder gar die komplette Zubereitung der Mahlzeit ab: Ein Fertiggericht schmeckt garantiert immer gleich und sieht immer gleich aus, egal, ob das Produkt in Hamburg oder München gekauft wird. Um eine gleichbleibende Qualität, den immer wiederkehrenden Geschmack und eine lange Haltbarkeit zu erreichen, werden den Produkten Zusätze wie Geschmacksverstärker, Konservierungs-, Süß- und Farbstoffe zugefügt. Je stärker ein solches Produkt bearbeitet wurde, desto mehr Zusatzstoffe enthält es.

Damit die Limonade eines Herstellers immer gleich schmeckt, muss sie mit künstlichen Aromen versetzt sein.

Gesundheitsgefahr Fertigprodukt

Sich von Fast Food, Convenience- und Fertigprodukten zu ernähren ist für den Körper so, als würden Sie minderwertiges Motoröl in Ihr Auto füllen. Das Auto wird zwar weiter fahren, auf lange Sicht aber kann der Motor Schaden nehmen. Doch nicht selten gehen wir mit unserem Körper sorgloser um als mit unserem Auto und »befüllen« ihn mit minderwertigen Fertigprodukten – gleichzeitig erwarten wir Höchstleistungen von ihm.

Viele versteckte Zusatzstoffe stehen im Verdacht, chronische Krankheiten und Allergien auszulösen. So soll Glutamat, ein Geschmacksverstärker, Migräne verursachen, Konservierungsstoffe und Antioxidationsmittel sollen den Sauerstofftransport im Blut negativ beeinflussen und Allergien und Konzentrationsprobleme auslösen. Künstliche Farbstoffe scheinen ebenfalls Allergien auszulösen und einige sollen sogar krebserregend sein. Außerdem machen Fertigprodukte dick, denn sie enthalten meistens zu viel Zucker, Salz und Fett, dafür aber kaum oder keine Vitamine, Mineralstoffe und Spurenelemente.

Na sowas!

Die Spargelcremesuppe aus der Tüte

Dafür, dass eine Spargelcreme-Tütensuppe nach Spargel schmeckt, sind lediglich fünf Prozent getrockneter, pulverisierter Spargel verantwortlich – und Unmengen an Aromen und Geschmacksverstärkern. Eine handelsübliche Tütensuppe enthält folgende Zutaten: Stärke, Palmfett, Maltodextrin, Speisesalz, Zucker, Reismehl, Weizenmehl, Spargel, Maismehl, Laktose, Hefeextrakt, Milcheiweiß, natürliches Aroma, Mais, Fruktose, Gewürze, Citronen- und Apfelsäure.

Spätestens, wenn der Spargel bei einer Spargelcremesuppe erst an achter Stelle auf der Zutatenliste auftaucht, sollten Sie skeptisch werden. Denn die Inhaltsstoffe werden absteigend nach der Menge, die im Produkt vorkommt, aufgelistet. Zudem ist die Suppe aus der Tüte voller Zutaten, die Sie niemals einkaufen würden, wenn Sie vorhätten, sich selbst eine Spargelsuppe zu kochen.

Bei der industriellen Verarbeitung von Lebensmitteln werden gesunde Inhaltsstoffe zerstört und ungesunde Stoffe zugesetzt. Bei Convenience Food wird der Geschmack gezielt so verstärkt, dass man immer mehr davon essen will. Wer etwa kann nach einer Handvoll Chips aufhören? Die Transfette in den Chips führen zu Fettablagerungen am Bauch, was Diabetes und Herz-Kreislauf-Erkrankungen begünstigt, und stehen im Verdacht, das Krebs-risiko zu erhöhen. Die Zusatzstoffe Acrylamid und Glycidamid gelten ebenfalls als krebserregend. Der regelmäßige Verzehr von Geschmacksverstärkern, zu viel Salz und künstlichen Aromen lässt zudem den Geschmackssinn abstumpfen. Der hohe Salzgehalt in Fertigprodukten begünstigt ebenfalls die Entstehung von Herz-Kreislauf-Erkrankungen. Alle Auswirkungen der Zusatzstoffe auf unsere Gesundheit sind aber noch gar nicht erforscht.

Zusatzstoffe verstecken sich jedoch auch in Lebensmitteln, von denen man dies überhaupt nicht erwartet. So enthalten getrocknete Aprikosen, aber auch getrocknete Tomaten häufig Schwefeloxid (E 220). Das Antioxidationsmittel sorgt dafür, dass die Aprikosen orange und die Tomaten rot bleiben. Ungeschwefelt wären sie bräunlich und daher nicht mehr so ansehnlich – jedoch viel gesünder. Schwefeloxid steht in Verdacht, Asthma, Migräne und Magen-Darm-Beschwerden auszulösen.

Frisches Obst und Gemüse, Kräuter, Nüsse und Samen enthalten garantiert mehr Nährstoffe als Convenience Food, das mit billigen Geschmacksträgern wie Zucker, Fett und Salz zu süchtig machenden Dickmachern hochgetuned wurde.

Mogelpackungen

Der neueste Trick sind sogenannte »saubere Etiketten« (Clean Labelling) mit Beschriftungen wie »ohne Konservierungsstoffe«, »ohne künstliche Aromen«, »ohne Geschmacksverstärker« und »ungesüßt«. Auf den Verpackungen wird also darauf hingewiesen, welche Zusatzstoffe nicht im jeweiligen Nahrungsmittel enthalten sind. Ein Blick auf die Zutatenliste zeigt jedoch oft, dass Produkte mit »sauberen Etiketten« nicht besser sind als solche ohne. Häufig verwenden die Hersteller ähnliche Stoffe mit gleicher Wirkung: »Ohne Geschmacksverstärker« etwa bedeutet oft, dass statt Glutamat Hefeextrakt verwendet wurde. Hefeextrakt enthält von Natur aus Glutamat, das chemisch betrachtet identisch mit dem industriellen Zusatzstoff ist – und damit keineswegs besser.

Auch in vermeintlich »ungesüßten« Milchalternativen wie Mandelmilch steckt häufig Maismaltodextrin, ein aus Mais extrahierter Zucker. Da dunkle Brote gesünder aussehen als helle, werden Brote

aus Auszugsmehlen häufig durch die Zugabe von Zuckerrübensi-
rup, Karamellsirup, Malzextrakt oder Röstmalz gefärbt und mit
ganzen Körnern bestreut. Laut Deutschem Lebensmittelbuch müssen bei Broten und Brötchen, die die Bezeichnung »Vollkorn« tragen, mindestens 90 Prozent des Getreideanteils aus Vollkornmehl
oder -schrot bestehen. Irreführend ist die Bezeichnung »Mehrkorn-
brot«: Dies bedeutet nur, dass mindestens drei verschiedene Getrei-
dearten zur Herstellung des Brotes verwendet wurden – nicht aber,
dass es sich dabei um Vollkornmehle handelt.

Erlaubte Ausnahmen

Doch manche Nahrungsmittel, die industriell verarbeitet wurden,
passen durchaus ins Clean-Eating-Konzept. Dazu zählen etwa
Käse, Naturjoghurt oder **Vollkornpasta**. Vorausgesetzt,
die Zutatenliste weist keine beziehungsweise maximal fünf Zutaten
auf. Bei **Tiefkühlware** wie Obst, Gemüse und Kräutern, die
direkt nach der Ernte schockgefroren werden, bleiben neben Farbe
und Geschmack die meisten Vitamine erhalten. Oft enthält sie
sogar mehr Nährstoffe als frisches Obst und Gemüse, denn dies
verliert während des Transports und der Lagerung Vitamine. Da
weder Farb-, Aroma- noch Konservierungsstoffe nötig sind, gehört
das Tiefkühlen zu den schonendsten Konservierungsmethoden.
Tiefkühlpizza und tiefgekühlte Fertiggerichte sind jedoch nicht
clean: Sie enthalten zu viel Zucker, Fett, Salz und künstliche
Zusatzstoffe. Auch Rahmspinat, Buttergemüse und Asia-Pfannen
lassen Sie besser links liegen.

Konserven sind teilweise jahrelang haltbar. Manche Konserven
sind noch nach über 50 Jahren genießbar. Vitamine sind dann
jedoch, wenn überhaupt, nur noch in sehr geringen Mengen enthalten. Hülsenfrüchte aus dem Glas wiederum sind clean, wenn sie
schonend gegart und verarbeitet wurden, zudem bio sind und keinen Zuckerzusatz enthalten. Obst im Glas allerdings ist nicht clean,
enthält es doch meist viel Zucker und verliert durch das Erhitzen
wertvolle Vitamine. Auf geschälte Kartoffeln aus dem Glas sollten
Sie in jedem Fall verzichten.

Instantprodukte wie Tütensuppen, Nudelgerichte, die nur mit
heißem Wasser aufgegossen werden müssen, oder Kartoffelpüree
aus der Tüte sind ebenfalls jahrelang haltbar. Natürlich ist an diesen Produkten aber nichts mehr. Damit aus frischen Kartoffeln

Bei der Lagerung in Konserven gehen die meisten Vitamine und Mineralstoffe verloren. Einzige Ausnahme: Hülsenfrüchte im Glas!

CLEAN-EATING-TEST

Dieser Test hilft Ihnen dabei herauszufinden, wo Sie ernährungstechnisch aktuell stehen. Beantworten Sie die folgenden Fragen möglichst spontan und ehrlich.

WIE CLEAN WAR IHRE ERNÄHRUNG BISHER?

☐ Essen Sie häufig und mehrheitlich Gemüse und Obst?

☐ Lesen Sie die Zutatenlisten auf Nahrungsmittelverpackungen?

☐ Kochen Sie Ihr Essen in der Regel selbst?

☐ Kombinieren Sie komplexe Kohlenhydrate und Proteine bei jeder Mahlzeit?

☐ Frühstücken Sie täglich?

☐ Trinken Sie regelmäßig zwei bis drei Liter Wasser pro Tag?

☐ Meiden Sie einfache Kohlenhydrate wie Weißmehl und Zucker sowie Fast Food und Fertiggerichte?

☐ Bauen Sie Superfoods wie Chiasamen oder Gojibeeren in Ihre Ernährung ein?

☐ Trinken Sie regelmäßig grüne Smoothies?

☐ Essen Sie achtsam?

IHRE ANTWORTEN

Wenn Sie vor neun bis zehn Fragen ein Häkchen setzen konnten, ernähren Sie sich bereits nach dem Clean-Eating-Konzept. Sie haben fünf bis acht Fragen mit Ja beantwortet? Dann ernähren Sie sich teilweise clean, aber es gibt noch Luft nach oben. Sie haben vier oder weniger Fragen mit einem Häkchen versehen? Dann ist Clean Eating ein einfacher Weg für Sie, sich zukünftig gesünder zu ernähren.

gefriergetrocknetes Kartoffelpulver wird, das sich unter Zugabe von heißem Wasser wiederum in cremiges Kartoffelpüree verwandelt, sind viele industrielle Fertigungsschritte und Zusatzstoffe nötig. Dazu zählen Farbstoffe, die für das schöne Gelb des Kartoffelpürees sorgen. Die Vitamine gehen dabei selbstverständlich verloren. Produkte aus dem Kühlregal wie Maultaschen, Pizzateig oder Aufback-Brötchen sind begrenzt haltbar – ein Hinweis darauf, dass es sich noch um LEBENS-Mittel handelt. Dennoch kommen auch diese Prodkukte für gewöhnlich nicht ohne Konservierungs- und andere Zusatzstoffe aus – selbst gemacht ist deshalb besser.

Clean essen, ohne zu verzichten

Sich so natürlich wie möglich zu ernähren bedeutet auch, einen frischen Apfel aus der Region zu essen statt ein Glas Apfelmus aus dem Supermarkt. Ein frischer Apfel enthält Vitamine, sekundäre Pflanzenstoffe, Mineral- und Ballaststoffe. Achtung: Die meisten Vitamine und Pflanzenstoffe befinden sich direkt unter der Schale! Wird der Apfel geschält und industriell zu Apfelmus verarbeitet, gehen auch Vitamin C und Ballaststoffe verloren. Stattdessen werden unerwünschte Antioxidations- und Säuerungsmittel sowie Süßstoffe oder Zucker hinzugefügt. Besser wäre es, das Apfelmus selbst zu kochen. Die Zubereitung frischer Speisen geht meist schneller, als man denkt, und ist noch dazu preiswerter. Die Verbraucherzentrale Hamburg hat heraufgefunden, dass Fertig-produkte mindestens doppelt, manchmal sogar fünfmal so teuer waren wie die frische, selbst zubereitete Version.

Obwohl chemische Zusatzstoffe beim Clean Eating selbstverständ-lich zu vermeiden sind, kann von Verzicht keine Rede sein. Denn Sie können wirklich jedes Gericht – sogar Ihr Leibgericht – aus natürlichen Zutaten selbst zubereiten, ohne Geschmacksverstärker und andere Zusatzstoffe. Für jedes Rezept gibt es eine Clean-Eating-Variante. Der entscheidende Unterschied ist, dass Sie bei selbst zubereiteten Speisen wissen, was diese enthalten. Auch für viele Dickmacher gibt es eine gesündere Alternative. So können Nudeln aus Auszugsmehlen durch Vollkornnudeln ersetzt werden. Wer es noch gesünder mag, bereitet Gemüsenudeln oder Lasagne mit Zucchini zu. Pizza kann mit einem Blumenkohl-, Quinoa- oder Hirseteig und weniger Käse gebacken werden. Und auch für Pom-mes, Mayonnaise, Ketchup und Kuchen gibt es cleane Rezepte.

Do it yourself!

Egal ob Tütensuppe, Ketchup, Mayonnaise, Pizza oder Chips – all diese Nahrungs-mittel lassen sich zu Hause auch ganz ohne Zusatzstoffe zubereiten.

CLEANE NAHRUNGSMITTEL
DIE CLEAN-EATING-
PRINZIPIEN

Sie möchten sich so gesund und natürlich wie nur irgend möglich ernähren? Dann streichen Sie künftig alle industriell verarbeiteten und hergestellten Nahrungsmittel von Ihrem Speiseplan.

Der menschliche Organismus kann mit künstlich hergestellten Zusatzstoffen nichts anfangen – im Gegenteil: Sie machen ihn sogar krank.

Meiden Sie Zusatzstoffe jeglicher Art: Essen Sie keine künstlichen Süßstoffe, Konservierungsmittel, Farbstoffe und Geschmacksverstärker. Je intensiver ein Nahrungsmittel verarbeitet und je mehr künstliche Zusatzstoffe zugefügt wurden, desto mehr Nährstoffe wurden zerstört. Süßstoffe wie Aspartam und Geschmacksverstärker wie Glutamat irritieren das Sättigungsgefühl und das Geschmacksempfinden des Körpers.

Frisches Obst und Gemüse

Frische Früchte, Gemüse und Kräuter sind die Hauptlieferanten für Vitamine, Mineralstoffe, Spurenelemente, Ballaststoffe und Mikronährstoffe und die Basis einer gesunden Ernährung. Greifen Sie zu regionalen und saisonalen Lebensmitteln, wie sie die Biokiste liefert (siehe Seite 139), und ernähren Sie sich von einem Mix aus Rohkost, (grünen) Smoothies und gekochtem Obst und Gemüse. Essen Sie mehr Gemüse als Obst und schälen Sie beides möglichst nicht, denn unter der Schale befinden sich die meisten Nährstoffe. Gestalten Sie Ihre Gerichte abwechslungsreich und bunt – versuchen Sie, bei jeder Mahlzeit mehrere Farben auf den Teller zu bringen.

Milchprodukte, Eier, Fisch & Fleisch

Clean Eating lässt sich problemlos an Ihre individuellen Bedürfnisse anpassen. Wenn Sie Vegetarier sind oder sich vegan ernähren, eignet sich Clean Eating perfekt als Ernährungskonzept. Sie dürfen aber genauso gut weiterhin Fisch und Fleisch essen, müssen also kein Vegetarier oder Veganer werden, um sich clean zu ernähren! Tierische Lebensmittel wie Eier, Fisch und Fleisch gibt es beim Clean Eating allerdings höchstens einmal pro Woche, unter anderem wegen des hohen Fett- und Cholesteringehalts.

Wer auf tierische Produkte wie Milchprodukte, Eier, Fisch und Fleisch nicht verzichten möchte, sollte darauf achten, dass sie von Erzeugern stammen, die nachhaltig und biologisch produzieren. Fleisch und Milchprodukte aus industrieller Produktion können Medikamentenrückstände wie Antibiotika enthalten. Milchkühen etwa werden Antibiotika injiziert, um möglichen Euterentzündungen, die durch das maschinelle Melken entstehen, vorzubeugen. Rückstände dieser Arzneimittel nehmen wir mit der Milch auf. Diese Antibiotika, die nicht nur in Milchprodukten, sondern auch in Fleisch vorkommen, sind mitverantwortlich dafür, dass sich immer mehr Resistenzen entwickeln.

Alles bio?

GESUNDE MILCHALTERNATIVEN

Viel gesünder sind **pflanzliche Milchalternativen** wie Sojamilch, Mandelmilch, Haselnussmilch, Hafermilch oder Reismilch. Pflanzliche Milch ist insbesondere auch für Menschen mit einer Laktoseintoleranz (Milchzuckerunverträglichkeit) geeignet. Im Idealfall wird diese Milch selbst zubereitet (siehe Seite 133), denn der pflanzlichen Milch, die im Handel angeboten wird, wurde häufig Zucker und Salz zugesetzt – ein Blick auf die Zutatenliste bringt da Gewissheit.

Machen Sie Ihre Milch doch ganz einfach selbst!

Auch was Kuhmilchprodukte betrifft, so wird beim Clean Eating auf einen geringen Verarbeitungsgrad geachtet. **Rohmilch** darf nur direkt vom Bauernhof verkauft werden. Der Nährstoffgehalt ist bei der frischen, unbehandelten Milch am höchsten. Da Rohmilch nicht erhitzt wird, ist sie auch gekühlt nur zwei bis drei Tage haltbar. Sie sollte vor dem Verzehr besser abgekocht werden.

Vorzugsmilch ist Rohmilch, die ebenfalls nicht pasteurisiert, homogenisiert oder ultrahocherhitzt wurde. Sie muss unter besonderen hygienischen Bedingungen produziert werden und ist ständigen Kontrollen ausgesetzt, deshalb ist hier der Rohverzehr möglich. Im Gegensatz zu Rohmilch wird sie abgepackt und über den Handel vertrieben (Bezugsquellen siehe Seite 139).

Legt man das Clean-Eating-Konzept also streng aus, ist nur Vorzugsmilch clean, denn diese wird lediglich gefiltert und weder pasteurisiert (Erhitzung auf 72–75 °C, Nährstoffverlust etwa zehn Prozent), homogenisiert (Milch wird homogenisiert, um das natürliche Rahmen zu verhindern) noch ultrahocherhitzt (Erhitzung auf mindestens 135 °C, Nährstoffverlust etwa 20 Prozent).

MILCH

BIO & REGIONAL

Die Qualität der Lebensmittel, die auf den Tisch kommen, ist beim Clean Eating von zentraler Bedeutung. Unverarbeitete, naturbelassene und frische Produkte vom Biobauern aus der Region und aus dem Naturkostladen stehen im Mittelpunkt.

Künstlich hergestellte Nahrungsmittel wie Fast Food und Fertigprodukte sind demnach tabu. Allerdings gibt es auch bei den Bioprodukten einiges zu beachten.

ZURÜCK ZUM URSPRÜNGLICHEN

Das englische Wort »clean« in Clean Eating steht für Lebensmittel, die so natürlich, rein und sauber wie möglich sind. Das bedeutet, dass jedes Lebensmittel frei von Zusatzstoffen wie Geschmacksverstärkern, Farb-, Konservierungsstoffen und Emulgatoren sein soll. Lebensmittel, die zu 100 Prozent clean sind, haben keine Zutatenliste, denn sie bestehen aus nur einer einzigen Zutat, wie etwa eine Frucht oder eine Nuss. Der Kerngedanke der Clean-Eating-Philosophie ist, sich wieder auf unverarbeitete, naturbelassene und frische Lebensmittel zu besinnen und sich den Weg, den ein Lebensmittel von seinem Ursprung bis auf den Teller zurückgelegt hat, bewusst zu machen. Das Gerüst einer cleanen Ernährung sind qualitativ hochwertige regionale und saisonale Lebensmittel. Pflanzliche Lebensmittel wie Obst, Gemüse, Kräuter, Sprossen, Hülsenfrüchte, Nüsse, Samen und Getreide bilden die Basis der cleanen Ernährung. Milchprodukte, Eier, Fisch, Fleisch und Wurst dagegen werden zwar nicht abgelehnt, spielen aber eine Nebenrolle. Stark verarbeitete, industriell hergestellte Nahrungsmittel wie Fast Food und Fertigprodukte dagegen kommen nicht auf den Tisch. Industriell hergestellte Nahrungsmittel enthalten zu viel Zucker, Fett, Salz und künstliche Zusatzstoffe – bieten aber kaum Nährstoffe. Wer selbt kocht, weiß dagegen, was er isst. Diese Achtsamkeit (siehe Seite 30–33) gegenüber den Nahrungsmitteln, ihrer Zubereitung und ihrem Verzehr gehört ebenfalls zum Clean-Eating-Konzept. Ziel ist es, diese Grundsätze dauerhaft zu verankern.

BIO – JA ODER NEIN?

Greifen Sie zu Lebensmitteln aus biologischem Anbau, denn Clean Eating bedeutet auch, dass das, was wir essen, so frei von Pflanzenschutzmitteln, Pestiziden und Schadstoffen sein sollten wie nur möglich. Laut Bundesinstitut für Risikobewertung (BfR) sind die Rückstände in unseren Lebensmitteln für den Menschen zwar ungefährlich – oft werden die Grenzwerte jedoch überschritten. Die Langzeitauswirkungen auf unsere Gesundheit sind bisher nur unzureichend erforscht. Neben der Pestizidfreiheit haben Lebensmittel mit Biosiegel einen weiteren Vorteil: Biologisch angebautes Obst und Gemüse bekommt mehr Zeit zum Reifen als konventionell angebautes. Dadurch enthält es weniger Wasser, schmeckt intensiver und verfügt in der Regel über mehr Vitamine, Ballaststoffe und sekundäre Pflanzenstoffe. Wenn Ihnen ausschließlich Bio zu teuer ist, achten Sie wenigstens bei den Lebensmitteln, die besonders stark mit Pestiziden belastet sind, auf Bioware: also bei Äpfeln, Pfirsichen, Nektarinen, Erdbeeren, Trauben, Sellerie, Spinat, Paprikaschoten, Gurken, Tomaten und Kartoffeln.

Bio ist aber nicht gleich Bio. Bioäpfel, die aus Neuseeland importiert werden, oder Biokartoffeln, die in Ägypten wachsen, sind alles andere als ökologisch. Ein Biolabel kann also ein guter Anhaltspunkt sein – ist aber nicht immer das Maß aller Dinge.

REGIONAL UND SAISONAL!

Achten Sie deshalb nicht nur auf ein Biosiegel, sondern auch auf die Herkunft der Lebensmittel. Konventionell angebaute Äpfel vom Bauern aus der Umgebung sind besser als importierte Äpfel vom anderen Ende der Welt mit Biosiegel. Greifen Sie im Sommer zu heimischen Beeren und bevorzugen Sie saisonales Obst und Gemüse, statt im Winter aus Spanien importierte Erdbeeren zu kaufen. Leider ist es nicht immer möglich, regional angebaute Lebensmittel zu beziehen, denn einige Früchte, Gemüsesorten, Pseudogetreide und Samen wachsen bei uns nicht. Bananen, Zitronen, Orangen, Melonen, Avocados und Superfoods wie Chiasamen, Gojibeeren oder Quinoa müssen importiert werden.

Da weder Rohmilch noch Vorzugsmilch homogenisiert werden, bildet sich eine Rahmschicht an der Oberfläche, die durch Schütteln, Umrühren oder Abschöpfen beseitigt werden kann. Handelsübliche H-Milch wird homogenisiert und ultrahocherhitzt. Ungekühlt und ungeöffnet ist sie mindestens sechs bis acht Wochen haltbar – ein eindeutiger Hinweis darauf, dass die Milch nicht clean sein kann. Eine echte Alternative ist frische Biovollmilch. Entscheiden Sie sich bei verarbeiteten Milchprodukten immer für die biologisch hergestellte Vollfettvariante und nicht für die fettreduzierten Produkte. Vor allem Light-Produkte sind stark industriell verarbeitet und mit Zusatzstoffen versetzt. Studieren Sie immer die Zutatenliste – oft werden Milchprodukten wie Joghurt und Käse Aroma-, Farb- und Konservierungsstoffe zugefügt.

Sie entscheiden selbst, wie streng Sie sich an die Clean-Eating-Regeln halten wollen.

Auch Eier, Fisch, Wurst und Fleisch sollten Bioqualität besitzen und aus artgerechter Haltung stammen. Achten Sie zudem darauf, wie sehr das Lebensmittel verarbeitet wurde: Stark industriell verarbeitete Nahrungsmittel wie Fischstäbchen und Chicken Nuggets passen nicht ins Clean-Eating-Konzept. Wurst und Fleisch vom Discounter enthalten oft das chemische Konservierungsmittel Nitrit, das in Verdacht steht, Krebs und Herzerkrankungen zu fördern.

Fett ist nicht gleich Fett

Fett hat einen schlechten Ruf, doch ist es lebensnotwendig – es kommt nur auf das richtige Fett an! Es gibt pflanzliche und tierische Fette, gesättigte und ungesättigte Fettsäuren. Die gesunden **ungesättigten Fettsäuren** kommen in erster Linie in pflanzlichen Fetten vor, wie in kalt gepressten pflanzlichen Ölen, Avocados, Nüssen und Samen.

Gutes Fett

Sehr wichtig sind **mehrfach ungesättigte Fettsäuren**, besonders die **Omega-3-Fettsäuren**, die der menschliche Körper nicht selbst herstellen kann, weshalb wir sie mit der Nahrung aufnehmen müssen – am besten täglich. Einen hohen Omega-3-Fettsäuregehalt haben etwa Leinöl und Chiasamen. Diese Fettsäuren erhöhen das gute HDL-Cholesterin im Blut und wirken vorbeugend gegen Herz-Kreislauf-Erkrankungen. Zudem sorgen sie für das Sättigungsgefühl und für die Aufnahme fettlöslicher Vitamine. Damit der Körper die fettlöslichen Vitamine A, D, E und K bestmöglich nutzen kann, sollten wir diese zusammen mit gesunden Fetten zu uns nehmen.

Bei den pflanzlichen Ölen unterscheidet man **kalt gepresste und raffinierte Öle.** Bei kalt gepressten und unraffinierten Pflanzenölen, die auch als »nativ« bezeichnet werden, bleiben die Nährstoffe weitgehend erhalten. Diese Öle werden durch mechanisches Auspressen ohne Zufuhr von Wärme gewonnen. So bleiben ihre Geschmacks- und Nährstoffe erhalten.

Raffinierte Öle dagegen werden unter Wärmezufuhr gepresst und sind nicht clean, denn bei der Raffination gehen Vitamine, sekundäre Pflanzenstoffe, Geschmack und Farbe verloren. Der Vorteil dieser Öle jedoch ist, dass sie hoch erhitzt, also zum Braten oder Frittieren verwendet werden können. Ob ein Öl zum Braten geeignet ist oder nicht, hängt vom jeweiligen Rauchpunkt ab. Damit ist die Temperatur gemeint, bei der das Fett beginnt, Rauch zu entwickeln. Dabei bilden sich schädliche Transfette und unter Umständen sogar das krebserregende Acrolein. Zum Dünsten, Braten und Backen braucht man hitzebeständiges Öl und Fett. Kalt gepresstes (natives) Olivenöl kann mit bis zu 180 °C für ein unraffiniertes Öl vergleichsweise hoch erhitzt werden. Deshalb eignet es sich nicht nur für kalte Speisen, sondern auch zum Braten, Backen und Frittieren. Raffiniertes Olivenöl dagegen kann bis zu 220 °C erhitzt werden. Hier ist der Rauchpunkt höher, gleichzeitig ist es aber auch stärker verarbeitet.

Kalt gepresstes Olivenöl kann bis zu 180 °C erhitzt werden!

Rauchpunkt

Nicht zum Braten verwendet werden sollten Lein-, Walnuss- oder Kürbiskernöl, da diese in der Regel kalt gepresst werden und einen sehr niedrigen Rauchpunkt haben.

Eine Ausnahme unter den Pflanzenölen stellt **Margarine** dar, bei der es sich um ein stark verarbeitetes, industriell hergestelltes Nahrungsmittel handelt. Ihre Herstellung erfolgt mittels komplizierter chemischer und technischer Verfahren, mit deren Hilfe aus flüssigem Pflanzenöl streichzarte Margarine wird. **Butter** ist, obwohl tierischen Ursprungs und ebenfalls industriell verarbeitet, die bessere Wahl. Dennoch haben beide Streichfette ihre Vor- und Nachteile. Während pflanzliche Margarine oft vegan und cholesterinfrei ist, enthält Butter Cholesterin und gesättigte Fettsäuren und ist ein tierisches Produkt. Letzten Endes ist es eine Frage des persönlichen Geschmacks und der ethischen Überzeugung, ob Sie zu tierischer Butter oder zu pflanzlicher Margarine greifen. Wer auf tierische Produkte verzichtet, sollte pflanzliche Margarine nur sparsam verwenden und auch hier auf die Zutatenliste achten.

Tierische Fette sind neben der Butter in Käse, Sahne, Eiern, Milch, Fleisch und Wurst zu finden. Dabei handelt es sich primär um gesättigte Fettsäuren, die als weniger gesund gelten.

Aus pflanzlichen Fetten entstehen durch industrielle Härtung **Transfettsäuren,** die in Chips, Backwaren wie Croissants, Fast Food und vielen weiteren Fertigprodukten enthalten sind. Diese ungesunden Fette sind natürlich nicht clean und führen, genau wie die gesättigten Fettsäuren, zu einem Anstieg des gesundheitsgefährdenden LDL-Cholesterins im Blut, welches das Risiko für eine Arteriosklerose (Gefäßverkalkung) und Entzündungen im Körper steigern kann. Dies wiederum kann zur Erhöhung des Schlaganfall- und Herzinfarktrisikos führen.

Eine cleane Alternative bildet die **Kokosnuss** und aus ihr hergestellte Lebensmittel wie Kokosnussöl oder Kokosnussraspeln, die ebenfalls gesättigte Fette enthalten. Dabei handelt es sich jedoch um wertvolle mittelkettige Fettsäuren.

Wählen Sie cleane Kohlenhydrate

Ersetzen Sie einfache Kohlenhydrate durch komplexe Kohlenhydrate: Wählen Sie also Naturreis statt weißen Reis, Vollkorn- statt Auszugsmehlen und greifen Sie zu Getreiden wie Mais, Hirse, Dinkel und Grünkern. Oder probieren Sie Urgetreide wie Kamut,

DO & DON'T

Es ist gar nicht so schwer, die wichtigsten Regeln der Clean-Eating-Philosophie zu verinnerlichen. Eigentlich muss man auf wenig verzichten, gewinnt aber dafür umso mehr! Sehen Sie selbst:

Richtig	*Falsch*
ESSEN SIE CLEAN	**FAST FOOD & CO.**
Essen Sie natürliche, möglichst unverarbeitete Lebensmittel wie Obst und Gemüse, Hülsenfrüchte, (Pseudo-)Getreide, bevorzugen Sie ungesättigte Fette und ernähren Sie sich abwechslungsreich. Bereiten Sie sich Ihre Mahlzeiten selbst zu, auch für den Job und wenn Sie unterwegs sind.	*Vermeiden Sie stark verarbeitete Lebensmittel wie Fast Food, Convenience Food und künstliche Inhaltsstoffe wie Süßstoffe, Geschmacksverstärker und Farb- und Konservierungsstoffe.*
KOMBINIEREN SIE SCHLAU	**LEERE KOHLENHYDRATE**
Kombinieren Sie komplexe Kohlenhydrate und Proteine bei jeder Mahlzeit.	*Vermeiden Sie Weißmehlprodukte, Zucker sowie Transfette.*
ESSEN SIE KONTROLLIERT	**UNKONTROLLIERT ESSEN**
Essen Sie fünf bis sechs kleine Mahlzeiten pro Tag und achten Sie auf Ihr natürliches Sättigungsgefühl. Kontrollieren Sie Ihre Portionsgrößen.	*Essen Sie keine extragroßen Portionen.*
FRÜHSTÜCKEN SIE IMMER	**NICHT FRÜHSTÜCKEN**
Frühstücken Sie jeden Tag, am besten innerhalb der ersten Stunde nach dem Aufstehen.	*Lassen Sie das Frühstück nicht ausfallen.*
TRINKEN SIE GENUG	**ALKOHOL & SOFTDRINKS**
Trinken Sie ausreichend, mindestens zwei bis drei Liter Wasser sowie ungesüßte Kräuter- und Früchtetees pro Tag.	*Meiden Sie Alkohol sowie süßstoff- und zuckerhaltige Softdrinks.*

Emmer oder Einkorn. Auch glutenfreies Pseudogetreide wie Quinoa, Buchweizen und Amaranth sorgt für Abwechslung auf Ihrem Speiseplan. Komplexe Kohlenhydrate halten lange satt und wirken positiv auf den Blutzuckerspiegel.

Ein unbehandeltes Getreidekorn enthält in seinen Randschichten Ballast- und Mineralstoffe, sein Keimling ist reich an Vitaminen, Mineralstoffen und Proteinen und der Mehlkörper besteht aus Stärke und Proteinen. Vollkornprodukte enthalten all diese wertvollen Nährstoffe, helle Mehlsorten dagegen kaum noch. Der Grund: Keimlinge und Randschichten werden beim Auszugsmehl zugunsten einer längeren Lagerfähigkeit gründlich ausgesiebt. Je niedriger die Typenziffer ist, desto weniger Nährstoffe enthält ein Mehl. Mehle mit hohen Typenziffern besitzen einen hohen Nährstoffanteil. Vollkornweizenmehl etwa hat die Typenbezeichnung 1700, Vollkornroggenmehl ist Type 1800. Bei Weizenmehl Type 405, aus dem Brötchen, Toastbrot, Backwaren und Nudeln hergestellt werden, wurde lediglich der Mehlkörper gemahlen, während die Randschichten und der Keimling als Abfall aussortiert worden sind.

Achten Sie auch bei Haferflocken darauf, dass diese aus dem vollen Korn hergestellt wurden. Wer einen Schritt weitergehen möchte, kann Vollkornflocken mit einer Flockenquetsche nach Bedarf zubereiten oder das Getreide erst kurz vor der Zubereitung mahlen – dann sind alle Nährstoffe noch enthalten.

KEIMLING

MEHLKÖRPER

SAMENSCHALE

Das Vollkorn ist eine gigantische Kraftzelle, denn es enthält die gesamte Energie, die eine Pflanze neben Sonne und Wasser für ihr Wachstum braucht.

Kombinieren Sie Proteine mit komplexen Kohlenhydraten

Kombinieren Sie bei jeder Mahlzeit komplexe Kohlenhydrate und Proteine (Eiweiß) miteinander. So sorgen Sie für ein lang anhaltendes Sättigungsgefühl und einen stabilen Blutzuckerspiegel. Komplexe Kohlenhydrate kommen beispielsweise in vollwertigem Getreide, Gemüse, Obst und Hülsenfrüchten vor. Proteinreiche Lebensmittel sind etwa Pseudogetreide, Hülsenfrüchte, Eier, Milchprodukte, Fisch und Fleisch. Eine ideale Kombination aus komplexen Kohlenhydraten und Proteinen wäre zum Beispiel ein Joghurt mit Vollkornhaferflocken und Früchten, ein Vollkornbrötchen mit Spiegelei oder eine Gemüsepfanne mit Naturreis.

Salzen Sie sparsam

Industriell hergestellte Lebensmittel sowie viele Käse- und Brot-sorten enhalten oft viel Salz. Auf der Zutatenliste wird es Natrium genannt. Zwar ist Salz lebensnotwendig, jedoch nehmen viele Menschen mehr Salz zu sich als nötig – im Schnitt zwölf Gramm – das ist mehr als das Doppelte des täglichen Bedarfs.

Ein zu hoher Salzkonsum kann zu Bluthochdruck und Herz-Kreislauf-Erkrankungen führen und bindet Wasser im Körper. Außerdem stumpfen die Geschmacksnerven ab. Diese können jedoch wieder sensibilisiert werden, indem Sie nach und nach weniger Salz bei der Zubereitung Ihrer Speisen verwenden. Wenn Sie Ihren Salzkonsum reduzieren, kann es sein, dass Ihnen die Gerichte zunächst langweilig oder fad erscheinen – insbesondere, wenn Sie bisher häufig Lebensmittel mit Geschmacksverstärkern gegessen haben. Mit der Zeit erholen sich Ihre Geschmacksnerven jedoch und Sie werden andere Geschmäcker wieder viel intensiver wahrnehmen. Ein Tipp: Greifen Sie statt zu Salz zu frischen Kräutern, die jedem Gericht eine individuelle Note verleihen. So wird Salz teilweise sogar komplett überflüssig. Wenn Sie dennoch zu Salz greifen, nehmen Sie Meersalz. Dieses unterscheidet sich durch den hohen Mineralstoffanteil von herkömmlichem Kochsalz.

Kräutersalz!

Vermeiden Sie Zucker

Industriell hergestellter Haushaltszucker besitzt keine Nährstoffe und ist verantwortlich für eine Reihe ernährungsbedingter Krankheiten wie Übergewicht, Diabetes Typ 2 und Karies. Dass in Süßigkeiten und Softdrinks viel Zucker enthalten ist, weiß jeder. Dass er aber auch in vielen Nahrungsmitteln steckt, von denen man es überhaupt nicht erwartet, ist den meisten Verbrauchern kaum bewusst. So versteckt sich Zucker in herzhaften Produkten wie Brot, Käse, Wurst, Salatdressings, Pastasaucen und Ketchup – und das nicht zu knapp. Alternative Süßungsmittel, die in das Clean-Eating-Konzept passen, sind Kokosblütenzucker, Rohrohrzucker, Honig, Ahornsirup, Agavendicksaft, Apfel- und Birnendicksaft, Datteln und andere Trockenfrüchte. Diese Süßungsmittel aus dem Bioladen oder dem Reformhaus enthalten immerhin noch einige wenige Nährstoffe. Trotzdem: Zucker bleibt Zucker. Jede Art von Zucker sollte deshalb sparsam verwendet werden. Idealerweise streichen Sie ihn ganz von Ihrem Speiseplan.

Versuchen Sie Zucker so weit wie möglich zu vermeiden und verwenden Sie auch Zuckeralternativen wie Honig und Dicksäfte so sparsam wie möglich.

ESSEN & TRINKEN
WAS TÄGLICH AUF DEN
— TISCH KOMMT —

Das Clean-Eating-Konzept sieht fünf bis sechs kleinere Mahlzeiten pro Tag vor, was ein entscheidender Unterschied zur Vollwertkost ist, bei der üblicherweise nur drei Mahlzeiten pro Tag gegessen werden.

Neben den drei Hauptmahlzeiten gibt es beim Clean Eating einen Vormittags- und einen Nachmittagssnack. Wer will, kann sogar noch einen Abendsnack dazunehmen. Der Grund: Wenn Sie mehrere kleine Mahlzeiten essen, bleiben Ihr Blutzuckerspiegel und Ihr Energielevel konstant: Heißhunger und Nachmittagstief haben also keine Chance. Die Zwischenmahlzeiten sind jedoch kein Muss. Wichtig ist, dass Sie auf Ihr natürliches Hungergefühl hören. Wer keinen Hunger hat oder grundsätzlich mit drei Mahlzeiten besser zurechtkommt, verzichtet auf die Zwischenmahlzeiten.

CLEANE ESSENSZEITEN (BEISPIEL)

Passen Sie Ihre Essens-zeiten individuell an Ihre ganz persönlichen Lebensumstände an!

- 7 Uhr Frühstück
- 10 Uhr Vormittagssnack
- 13 Uhr Mittagessen
- 16 Uhr Nachmittagssnack
- 19 Uhr Abendessen

Mengenangaben & Portionsgrößen

Clean Eating ist keine Diät: Denn auch eine Vollkornlasagne mit Lachs, Spinat und Sahne passt ins Clean-Eating-Konzept. Wer eine große Portion selbst gemachte Lachs-Spinat-Lasagne und dazu noch viele Nüsse und Obst isst, kann auf lange Sicht gesehen sogar zunehmen – obwohl die Ernährung clean ist. Deshalb ist nicht nur wichtig, was man isst, sondern auch, wie viel. Daraus, dass fünf Mahlzeiten pro Tag gegessen werden, ergibt sich, dass die Portionen der Hauptmahlzeiten entsprechend etwas kleiner ausfallen. Die richtige Portionsgröße auszumachen fällt vielen Menschen jedoch nicht leicht, denn wir haben verlernt, auf unser natürliches Hunger- oder Sättigungsgefühl zu hören. Oft isst man zu viel und leidet dann an Völlegefühl und Sodbrennen. Ein guter Anhaltspunkt, um die richtige Portionsgröße auszumachen, ist die eigene Handinnenfläche, da sich die Portionsgrößen entsprechend der individuellen Körpergröße verhalten. Eine Frau mit einem Meter sechzig hat zum einen kleinere Hände und zum anderen einen niedrigeren Energiebedarf als ein Mann, der einen Meter neunzig groß ist.

CLEANE TAGESRATIONEN
- Gemüse: 3 Handvoll/Tag
- Obst: 2 Handvoll/Tag
- Eiweiß: 2 Handvoll/Tag
- Komplexe Kohlenhydrate: 2–4 Handvoll/Tag
- Gesunde Fette: 1 Handvoll/Tag

Die Werte gelten lediglich als Anhaltspunkt und sollen nicht dazu dienen, Portionsgrößen akribisch abzumessen.

Hören Sie auf Ihren Körper und vertrauen Sie auf Ihr natürliches Hungergefühl!

Frühstücken Sie jeden Tag

Ein nahrhaftes, sättigendes und leckeres Frühstück ist die wichtigste Grundlage für den Tag und die erste Chance am Tag, sich clean zu ernähren. Das Frühstück sollte innerhalb der ersten Stunde nach dem Aufstehen gegessen werden. Während der Ruhephase in der Nacht wurden die körpereigenen Energiereserven geleert, die am Morgen wieder aufgefüllt werden müssen. Ein ideales Frühstück enthält komplexe Kohlenhydrate, gesunde Fette und Proteine. Overnight Oats (siehe Seite 73) können am Abend schnell vorbereitet werden. Aus über Nacht eingeweichten Vollkornflocken lassen sich die leckersten Gerichte zaubern. Fertigmüslis dagegen sind tabu, denn diese enthalten in der Regel viel Zucker.

Trinken Sie ausreichend

Trinken Sie mindestens zwei bis drei Liter Wasser oder ungesüßten Tee pro Tag! So beugen Sie Heißhungerattacken vor und sorgen für eine gute Verdauung. Trinken Sie zu jeder Mahlzeit ein Glas Wasser. Limonaden, Energydrinks und Fruchtsäfte enthalten viel Zucker oder künstliche Süßstoffe und passen nicht ins Clean-Eating-Konzept. Auch Alkohol sollten Sie so weit wie möglich meiden! Kaffee können Sie in Maßen trinken – zwei bis drei Tassen pro Tag sind in Ordnung.

Auch am Arbeitsplatz sollte immer ein Glas oder eine Flasche Wasser griffbereit sein.

CLEAN EATING IST GUT FÜR IHRE GESUNDHEIT

Wenn Sie sich konsequent clean ernähren, beugen Sie ernährungsbedingten Krankheiten vor und stärken Ihr Immunsystem, denn Sie versorgen Ihren Körper mit allen Nährstoffen, die er benötigt.

Sobald Sie Ihre Mahlzeiten mit frischen Zutaten zubereiten, sind diese automatisch gesünder, denn sie enthalten keine industriellen Zusatzstoffe, keine künstlichen Aromen, keinen raffinierten Industriezucker, weniger Salz und sind mit Sicherheit fettärmer. Geben Sie natürlichen, frischen Lebensmitteln generell den Vorzug und meiden Sie Convenience und Fast Food. Das ist mit Sicherheit die beste Prävention gegen ernährungsbedingte Krankheiten.

Mehr Energie, ohne zu hungern

Was wir essen, hat großen Einfluss darauf, wie wir uns fühlen, und wirkt sich positiv auf unsere Stimmung und unser Wohlbefinden aus: Durch eine cleane Ernährung sind Sie nicht nur leistungsfähiger, fitter und energiegeladener – durch eine natürliche Ernährung sorgen Sie zudem für ein besseres Körpergefühl, das Sie durch Sport und Bewegung noch steigern können (siehe Seite 54–67). Mit Clean Eating bekommen Sie wieder ein Gefühl dafür, wann der Hunger eigentlich nur Appetit ist. Sie werden außerdem lernen, auf Ihren Körper und Ihr natürliches Sättigungsgefühl zu hören. Weil Sie die für Ihren Bedarf richtige Portionsgröße wieder einschätzen können, gehören auch Völlegefühl und Sodbrennen bald der Vergangenheit an. Durch die Aufrechterhaltung des Blutzuckerspiegels schließlich bleiben Heißhungerattacken aus.

BESSERER GESCHMACK

Durch das Essen von natürlichen Lebensmitteln und das Weglassen von Fertiggerichten sowie eine Reduzierung des Salzkonsums wird sich Ihr Geschmacksempfinden deutlich verbessern. Das werden Sie bereits nach relativ kurzer Zeit bemerken, vorausgesetzt, Sie verzichten konsequent auf Geschmacksverstärker.

Abnehmen als Nebeneffekt

Obwohl Clean Eating keine Diät ist, kann es die Gewichtsabnahme unterstützen – vor allem bei Menschen, die sich vorher eher ungesund ernährt und Weißmehlprodukte, Zucker, Alkohol sowie fettige und salzige Fertigprodukte gegessen haben. Mit Clean Eating können Sie Ihr Wohlfühlgewicht erreichen, insbesondere in Kombination mit Sport und Bewegung. Im Umkehrschluss bedeutet dies auch, dass Sport und Bewegung nur halb so viel bringen, wenn man sich weiterhin ungesund ernährt. Die Gewichtsabnahme sollte jedoch nicht Ihr primäres Ziel sein, wenn Sie mit Clean Eating beginnen. Die Motivation, sich einen gesunden Körper zu erhalten oder ihn zu bekommen und seine Ernährungsgewohnheiten langfristig zu ändern, sind dagegen ideale Voraussetzungen.

Verdauungsprobleme ade

Durch die Kombination aus cleaner Ernährung, erhöhter Flüssigkeitsaufnahme sowie Sport und Bewegung wird sich Ihre Verdauung deutlich verbessern und ein Blähbauch verschwindet.

Besser schlafen

Auch Ihr Schlaf wird durch die Ernährung beeinflusst und durch Clean Eating eine neue Qualität erfahren. Sie werden morgens besser aus dem Bett kommen, Ihr Schlaf wird tiefer und erholsamer werden. Außerdem können ständige Müdigkeit und Mittagstiefs durch die cleane Ernährung verschwinden.

Haut, Haare und Nägel

Eine cleane Ernährung und eine ausreichende Wasseraufnahme wirken sich zudem positiv auf Ihr Hautbild, Ihre Haare und Nägel aus. Die Haut etwa wird reiner und frischer. Dennoch kann es bei der Ernährungsumstellung passieren, dass sich das Hautbild verschlechtert, weil Ihr Körper zunächst die Giftstoffe, die sich angesammelt haben, über die Haut ausschwemmt. Ihre Nägel werden fester, Ihr Haar wird voller, kräftiger und bekommt mehr Glanz.

Kopfschmerzen und Konzentration

Wer ausreichend Wasser trinkt, kann damit seine Konzentrationsfähigkeit verbessern und Kopfschmerzen vorbeugen.

CLEAN EATING & YOGA
GANZHEITLICHKEIT IM
— MITTELPUNKT —

Clean Eating ist Nahrung für Körper, Geist und Seele. Insbesondere die Kombination aus Yoga und Clean Eating eignet sich ideal, denn das moderne Clean Eating und die jahrtausendealte yogische Ernährung, die auch sattvige Ernährung genannt wird, haben vieles gemeinsam.

Die Clean-Eating-Philosophie verfolgt einen ganzheitlichen Ansatz: Neben der Ernährung ist Bewegung wichtig. Nur durch die Kombination beider Aspekte kann Ihr Körper langfristig gesund und fit bleiben. Eine wunderbare Möglichkeit, mehr Bewegung in den Alltag zu bringen, ist Yoga. Die indische Lehre hilft uns aber nicht nur dabei, uns mehr zu bewegen, sondern auch, achtsamer zu leben. In Bezug auf Clean Eating hat Achtsamkeit unterschiedliche Aspekte: Sie wählen Ihre Lebensmittel sorgfältig aus, nehmen sich Zeit für deren Zubereitung und hören auf Ihren Körper. Zudem ist die Ernährungslehre des Yoga ähnlich vielfältig wie die Yogastile selbst. Und innerhalb des Clean-Eating-Konzeptes kann jeder sein ganz individuelles Ernährungsprogramm zusammenstellen.

Beim Essen nur essen

Was haben Sie bei Ihrer letzten Mahlzeit noch gemacht? Haben Sie sich nur auf Ihr Essen konzentriert oder wurden Sie abgelenkt? Haben Sie am Esstisch gegessen oder auf dem Sofa, am Schreibtisch oder beim Autofahren?

Nicht selten sind wir beim Essen mit anderen Dingen beschäftigt. Für viele Menschen gehört das Essen während des Fernsehens zu einem gemütlichen Abend. Sorgen und Wünsche beschäftigen unseren Geist, aber auch Langeweile und Stress können zu unachtsamem Essen führen: Dann wird nebenher Zeitung gelesen, mit dem Smartphone oder Tablet gespielt, das Essen nebenbei heruntergeschlungen, oftmals gehetzt und unterwegs, oder es fällt ganz aus, weil keine Zeit für eine Mittagspause war. Egal ob Chips, Schokolade oder ein Sandwich: Essen wird heutzutage immer mehr zur Nebensache. Beim Essen wirklich nur zu essen fällt vielen Menschen schwer. So werden unbemerkt überflüssige Kalorien und ungesunde Lebensmittel konsumiert. Außerdem setzt das Sättigungsgefühl erst verspätet ein, weil unser Gehirn mit anderen

Dingen beschäftigt ist. Wenn Sie jedoch achtsam essen, essen Sie auch automatisch weniger.

Das aus dem Buddhismus stammende Prinzip der Achtsamkeit bedeutet, mit allen Sinnen im Hier und Jetzt zu sein. Durch Achtsamkeit können Sie lernen, Ihren Geist wieder voll und ganz auf eine Sache zu konzentrieren – das Gegenteil von Multitasking. So können Sie das Essen entschleunigen und werden wieder in die Lage versetzt, langsamer und bewusster zu genießen und Ihre Mahlzeiten intensiv mit allen Sinnen wahrzunehmen. So kann jedes Mahl zu einer einfachen Meditation werden.

Achtsamkeit beginnt beim Einkauf

Achtsamkeit beginnt bereits beim Einkauf mit der bewussten Entscheidung, wo Sie Ihre Lebensmittel einkaufen und welche Lebensmittel Sie auswählen. Wer hochwertige, regionale und saisonale Produkte kauft, isst und genießt gleichzeitig viel bewusster. Auch der Blick auf die Zutatenliste, der beim Clean Eating obligatorisch ist, zeugt von Achtsamkeit: Ein kleines cleanes Stück vegane Rohkostschokolade für drei Euro werden Sie sicher nicht so unbedacht herunterschlingen wie eine 100-Gramm-Tafel Schokolade für 69 Cent aus dem Discounter.

Jedes Lebensmittel hat eine »Reise« hinter sich, bis es auf Ihrem Teller landet. Eine Rosine etwa ist eine getrocknete Weinbeere einer bestimmten Traubenart. Nach der Traubenernte hat man sie in der Sonne oder im Schatten getrocknet. Und nach der Auslese wurde sie von einem Großhändler aufgekauft, der sie verpacken ließ und in den Einzelhandel brachte. Im Supermarkt haben Sie die Packung Rosinen in Ihren Einkaufswagen gelegt und nach Hause gebracht, bis schließlich die eine Rosine in Ihrer Hand gelandet ist. Egal, was Sie einkaufen: Stellen Sie sich zwischendurch immer wieder mal die Frage, woher Ihr Essen stammt und welchen Weg es hinter sich hat, bis es auf Ihrem Teller gelandet ist. Wie viele Personen waren daran beteiligt, um es herzustellen, woher stammt das Lebensmittel und wie viele Kilometer ist es gereist? So bekommen banale Dinge wie eine Rosine plötzlich einen ganz anderen Stellenwert. Wer solche Überlegungen anstellt, wird künftig nicht nur achtsamer, langsamer, bewusster und entspannter essen, sondern auch gesündere und hochwertigere Lebensmittel einkaufen und diesen Lebensmitteln eine besondere Wertschätzung entge-

ACHTSAMKEITSÜBUNG

Die folgende Achtsamkeitsübung können Sie mit jedem cleanen Lebensmittel machen, ob mit einer Rosine aus Griechenland, einer Tomate aus Ihrem eigenen Garten oder einer Erdbeere vom Biobauernhof.

Legen Sie dazu beispielsweise eine einzelne Rosine in Ihre Handinnenfläche. Betrachten Sie diese Rosine so, als würden Sie zum ersten Mal in Ihrem Leben eine Rosine sehen, und erforschen Sie sie mit all Ihren Sinnen.

Sehen: *Betrachten Sie die Farbe und die Form der Rosine ganz genau. Wie sieht die Rosine aus? Ist ihre Oberfläche gleichmäßig strukturiert oder uneben? Wie groß ist die Rosine? Welche Farbe hat sie?*

Tasten: *Nehmen Sie die Rosine zwischen Daumen und Zeigefinger und bewegen Sie sie hin und her. Wie fühlt sich das an?*

Hören: *Halten Sie die Rosine dann an Ihr Ohr. Bewegen Sie die Rosine zwischen Ihren Fingern. Was hören Sie? Bewegen Sie die Rosine dann an Ihrem anderen Ohr.*

Riechen: *Riechen Sie an der Rosine. Wie riecht sie? Süß und fruchtig oder eher erdig?*

Schmecken: *Legen Sie die Rosine in Ihren Mund und ertasten Sie ihre Oberfläche mit der Zunge. Spüren Sie die Oberfläche der Rosine und nehmen Sie wahr, was die Rosine in Ihnen auslöst. Haben Sie das Verlangen zuzubeißen oder läuft Ihnen das Wasser im Mund zusammen? Befördern Sie die Rosine dann mit Ihrer Zunge zwischen Ihre Backenzähne und beißen Sie langsam zu. Wie schmeckt die Rosine? Wie weit können Sie die Nahrung in Ihrer Speiseröhre spüren, wenn Sie sie hinunterschlucken? Beschreiben Sie den Nachgeschmack.*

genbringen. Und umgekehrt beginnt mit dem Einkauf qualitativ hochwertiger Lebensmittel bereits das entschleunigte, bewusste Genießen. Außerdem: Essen Sie stets im Sitzen, nie im Stehen, kauen Sie langsam und immer ganz bewusst. Es kann sein, dass Ihre Gedanken gelegentlich vom Essen abschweifen. Lenken Sie die Gedanken dann immer wieder zurück ins Hier und Jetzt.

Essen Sie immer ganz konzentriert und bewusst – nicht irgendetwas, sondern wertvolle Nahrungsmittel.

Was Ihr Körper Ihnen sagt

Achtsamkeit bedeutet auch, auf den eigenen Körper zu hören, und kann dabei helfen, das natürliche Gefühl von Hunger und Sättigung wiederzuerlangen, das viele Menschen nicht mehr kennen beziehungsweise nicht mehr erkennen. Fragen Sie sich zum Beispiel vor jedem Impuls, etwas essen zu wollen: »Habe ich wirklich Hunger oder nur Appetit – vielleicht aus Stress oder Langeweile?« Essen Sie nur dann, wenn Sie tatsächlich hungrig sind und hören Sie auf, sobald Sie satt sind. Wenn Sie zwischen zwei Hauptmahlzeiten keinen Hunger haben, dann lassen Sie den Clean-Eating-Snack einfach ausfallen. So lernen Sie mit Clean Eating, wieder auf Ihr natürliches Hungergefühl zu hören.

Essen Sie nie einfach nur nebenbei!

Der berühmte indische Yogalehrer Krishnamacharya (1888–1989) hat seinen Schülern geraten, beim Essen immer ein Viertel des Magens leer zu lassen. Er plädierte außerdem dafür, zwischen einer Mahlzeit und der Asana-Praxis vier Stunden verstreichen zu lassen. Asanas übt man am besten dann, wenn der Körper alle Kräfte nutzen kann und keine intensive Verdauungsarbeit stattfindet. Gleichzeitig sollte man jedoch auch nicht hungrig sein. Nach meiner Erfahrung ist es ideal, ein bis zwei Stunden vor der Yogapraxis einen Clean-Eating-Snack zu sich zu nehmen.

Clean Eating für Yogis

In der »Bhagavad Gita«, einer der zentralen Schriften des Hinduismus und Grundlage des Yoga, ist das philosophische Konzept der drei Gunas (Sanskrit für Qualität, Eigenschaft) beschrieben. Diese Gunas trägt jeder Mensch auf physischer, geistiger und mentaler Ebene in sich. Beeinflusst werden sie durch den individuellen Lebensstil, aber auch durch die Ernährung, und können so entweder verstärkt oder abgeschwächt werden. Erstrebenswert ist ein sattviger Lebensstil, der für innere Ruhe, Klarheit, Ausgeglichenheit, Gesundheit und Wohlbefinden steht. Jedes einzelne

Nahrungsmittel kann in eines der drei Gunas – Sattva, Rajas und Tamas – eingeteilt werden.

Sattva – die yogische Ernährung

Sattva ist Sanskrit und bedeutet Leichtigkeit, Reinheit und Harmonie. Eine sattvige Ernährung ist optimal, denn sie ebnet den Weg für die Meditation und für spirituelles Wachstum. Zudem sorgt sie dafür, dass wir unsere Energie bewahren oder sogar steigern können. Durch eine sattvige Ernährung gewinnen wir Kraft und mentale Stärke. Deshalb sieht die sattvige Ernährung vor, dass nichts gegessen wird, was den Körper beim Ausführen der Asanas, der Körperübungen im Yoga, oder bei der Meditation stört. Vielmehr soll die Nahrung leicht verdaulich sein, die Konzentration fördern, für Klarheit sorgen und einen Ausgleich schaffen. Die sattvige Ernährung ist gesund und liefert dem Körper alle Nährstoffe. Außerdem steigert sie das Prana, unsere Lebensenergie.

SATTVIGE LEBENSMITTEL

Bei den sattvigen Lebensmitteln unterscheidet man fünf Gruppen:
- Getreide
- Hülsenfrüchte
- Gemüse und Salat
- Obst
- Milchprodukte

Die yogische Küche ist traditionell laktovegetarisch: Fisch, Fleisch und Eier werden nicht gegessen, Milchprodukte, Ghee und Butter dagegen schon. Gemäß der Yogaphilosophie ist das Töten von Tieren nicht mit Ahimsa, dem geistigen Prinzip der Gewaltlosigkeit, zu vereinbaren. Obwohl Kühe in Indien noch immer als heilig gelten, ist die Massentierhaltung heute aber auch in diesem Land an der Tagesordnung. Milch in ihrer ursprünglichen Form als Rohmilch hat nicht mehr viel mit der H-Milch zu tun, die wir heute in unseren Supermärkten kaufen. Für viele Menschen, die Yoga praktizieren, ist die Haltung von Kühen daher nicht mehr mit Ahimsa zu vereinbaren, weshalb viele sich für eine vegane Ernährung entscheiden.
Bezogen auf die Auswahl der Lebensmittel spielt auch Annam im yogischen Denken eine große Rolle. Der Sanskritbegriff hat eine

doppelte Bedeutung: »die Nahrung, die nährt« und »die Nahrung, die verzehrt«. Mit der »Nahrung, die nährt« ist die Harmonie von Körper, Geist und Seele gemeint. Unter der »Nahrung, die verzehrt« versteht man hingegen, dass unsere volle Aufmerksamkeit nur dem Essen gilt: entweder, weil wir zu viel oder zu wenig davon haben, sodass unser ganzes Leben von diesem existenziellen Aspekt dominiert wird.

Eines haben die sattvige Ernährung und Clean Eating in jedem Fall gemein: Ahimsa, das Gebot der Gewaltlosigkeit, gilt letzten Endes nicht nur gegenüber unserer Umwelt, sondern auch gegenüber uns selbst. Essen soll im besten Fall Spaß machen, gut schmecken und uns nähren – nicht verzehren. So entscheidet bei der yogischen Ernährung – genau wie beim Clean Eating – letzten Endes jeder selbst, was ihm guttut und ob er eine vegetarische, vegane oder eine omnivore (tierische und pflanzliche) Ernährung wählt.

Rajas – kurzer Energieschub

Rajas bedeutet Unruhe, Aktivität, Bewegung, Handlung. Rajassige Lebensmittel wühlen emotional auf, machen unruhig und nervös. Sie sorgen zwar für einen kurzen und kräftigen Energieschub – anschließend fällt der Blutzuckerspiegel jedoch wieder rasant ab. Zu den rajassigen Nahrungsmitteln zählen Weißmehl, Zucker, Kaffee, schwarzer Tee, Alkohol und scharfe Gewürze. Aber auch zu schnelles Essen und ungenügendes Kauen gelten als rajassig. Diese Nahrungsmittel und Essweisen passen nicht zum Yoga, da mit rajassiger Nahrung nur schwer innere Ruhe erlangen werden kann.

Tamas – Fertigessen auf Yogisch

Das Sanskritwort Tamas bedeutet Trägheit oder Dunkelheit. Tamas macht müde und raubt Energie. Als tamassige Lebensmittel gelten nach heutigem Verständnis vor allem industriell hergestellte Fertigprodukte wie Tiefkühlware oder Essen aus Konserven und Fast Food. Sie passen weder zur yogischen Ernährung noch ins Clean-Eating-Konzept. Aber auch Fleisch, Fisch, Geflügel, Zwiebeln, Knoblauch und Pilze gelten als tamassig, sind jedoch mit dem Clean-Eating-Konzept vereinbar. Seit jeher gelten Lebensmittel als tamassig, die nicht mehr verzehrt werden können, weil sie ungenießbar sind. Dazu zählen unreife, faule oder verkochte Lebensmittel – außerdem Alkohol, Tabak und Drogen.

CLEAN EATING IM ALLTAG

Ab jetzt kommen nur noch
naturbelassene & biologische Zutaten
— IN DIE TÜTE. —

Fragt sich nur:

Welche Lebensmittel sind clean?

Was kann ich essen & trinken?

Was darf in den Einkaufswagen?

Was hält leistungsfähig und fit?

Und für den kleinen Hunger zwischendurch

GIBT ES CLEANE SNACKS.

In Kombination mit

— Power-Yoga —

entfaltet diese natürliche Ernährungsweise

IHR VOLLES POTENZIAL!

UMSTELLUNG
LEICHT GEMACHT
= CLEAN EINKAUFEN =

Der Clean-Eating-Lifestyle ist wirklich ganz einfach umzusetzen. Wie das gelingt – von der Bevorratung über den Einkauf bis zum Kochen –, erfahren Sie auf den nächsten Seiten!

Wenn Sie sich nach dem Clean-Eating-Konzept ernähren möchten, können Sie sofort damit beginnen. Ob Sie gleich zu 100 Prozent einsteigen oder lieber Schritt für Schritt Ihre Ernährung umstellen, bleibt Ihnen überlassen. Möglicherweise brauchen Sie etwas Zeit für so eine Veränderung oder Sie bevorzugen einen radikalen Schnitt. Am Anfang kann es schwierig erscheinen herauszufinden, in welchen Nahrungsmitteln Zusatzstoffe stecken. Doch was zunächst kompliziert klingt, ist relativ schnell zu erlernen. Dennoch ist es ganz normal, dass Veränderungen auch von Rückschlägen geprägt sein können. Lassen Sie sich davon nicht entmutigen!

Kühlschrank und Vorräte ausmisten

Der erste Schritt auf dem Weg in ein cleanes Leben besteht darin, alle Nahrungsmittel aus der Küche zu verbannen, die nicht in das Clean-Eating-Konzept passen. Schaffen Sie sich eine Umgebung, in der es Ihnen leichtfällt, sich clean zu ernähren. Durchforsten Sie Ihre Essensvorräte und inspizieren Sie den Kühlschrank und das Gefrierfach oder die Tiefkühltruhe. Holen Sie alles heraus und lesen Sie sich die Zutatenlisten kritisch durch.

VERBANNEN SIE FOLGENDE NAHRUNGSMITTEL AUS IHREM HAUSHALT:

- stark industriell verarbeitete Produkte, die mehr als fünf Zusatzstoffe beinhalten (z. B. Fertigprodukte wie Tütensuppen, Tiefkühlpizza oder Dosenravioli),
- Lebensmittel, die Industriezucker oder künstliche Süßstoffe enthalten (z. B. Süßigkeiten, Marmeladen oder Softdrinks),
- Produkte, die Auszugsmehle enthalten (z. B. Toast, Backwaren),
- Nahrungsmittel, die Transfettsäuren enthalten (z. B. Chips).

Spenden oder verschenken Sie diese Nahrungsmittel und ersetzen Sie diese durch cleane Lebensmittel. Einen Überblick über die Lebensmittel, die Sie unter dem Clean-Eating-Aspekt behalten oder künftig essen können, bekommen Sie auf den Seiten 46–49.

Wochenplan entwerfen

Gehen Sie einmal pro Woche Lebensmittel einkaufen. Denn nur mit frischen Zutaten können Sie cleane Mahlzeiten zubereiten. Wer natürliche, frische und gesunde Lebensmittel zu Hause hat, ernährt sich automatisch gesünder als jemand, dessen Vorratsschränke mit Convenience-Produkten bestückt sind. Denn wenn man nach einem anstrengenden Arbeitstag müde und erschöpft nach Hause kommt und im Gefrierfach Pizza oder im Vorratsschrank Dosenravioli und Tütensuppe vorfindet, wird man sich mit großer Wahrscheinlichkeit eher diese Fertigprodukte zubereiten, als 20 Minuten mehr fürs Selberkochen aufzuwenden.

Daher bedarf der cleane Lebensstil einer gewissen Organisation und Planung. Um am Feierabend nicht verzweifelt im Supermarkt zu stehen, ohne zu wissen, was man kaufen soll, empfiehlt es sich, einen wöchentlichen Speiseplan aufzustellen. Die Wochenplanung hat mehrere Vorteile: Sie gehen seltener einkaufen und sparen somit Zeit und Geld. Zudem werden durch den Wochenplan kaum noch Lebensmittel in Ihren Vorräten verderben. Nehmen Sie sich also einmal pro Woche Zeit, um zu entscheiden, welche Mahlzeiten und Snacks Sie in der kommenden Woche essen möchten. Das können Sie am Wochenende machen oder an einem Wochentag – wichtig ist, dass Sie es machen! Überlegen Sie in Ruhe, was Sie zum Frühstück, Mittag- und Abendessen und als Snacks essen wollen, und schreiben Sie die Mahlzeiten in eine Tabelle (siehe Klappe Buchcover vorne). Hängen Sie Ihren wöchentlichen Speiseplan immer gut sichtbar in Ihrer Küche auf.

Gestalten Sie Ihren Wochenplan abwechslungsreich und experimentieren Sie! Probieren Sie auch »neue« Lebensmittel aus, die bisher nicht auf Ihrem Speiseplan standen! Eine einseitige Ernährung verdirbt nämlich die Freude am Essen und kann zu Mangelerscheinungen führen. Auf der Grundlage Ihres Wochenplans entsteht dann Ihr persönlicher Einkaufszettel, mit dessen Hilfe Sie Ihren Wocheneinkauf spielend erledigen. Frische Produkte aus Ihrer Region, die Saison haben bekommen Sie auf Wochenmärkten.

Tricksen Sie Ihren inneren Schweinehund einfach aus, indem Sie ihm gar nicht erst die Wahl zwischen Fast Food und cleanen Mahlzeiten lassen.

Einkaufszettel schreiben

Eine schriftliche Liste mit all den Lebensmitteln, die Sie für eine Woche benötigen, hat gleich mehrere Vorteile, vor allem aber spart sie Zeit und Geld. Kaufen Sie grundsätzlich nur mithilfe eines Einkaufszettels ein. Schreiben Sie Ihre Einkaufsliste, indem Sie die Zutatenlisten aller Gerichte durchgehen, die auf Ihrem Wochenplan stehen. Schreiben Sie sich die Zutaten mit Mengenangaben auf. Lebensmittel, die Sie vorrätig haben, lassen Sie weg – alle anderen kommen auf Ihren wöchentlichen Einkaufszettel. Sortieren Sie die Lebensmittel auf dem Zettel nach Kategorien oder nach ihrer Lage im Supermarkt. Überlegen Sie also, was Sie einkaufen wollen und sortieren Sie die Liste entsprechend: zum Beispiel in Markt/Frischeabteilung (Obst, Gemüse und Kräuter), Hülsenfrüchte, Getreide, Milchprodukte, Fischhändler/Fischtheke, Metzger/Fleisch- und Wursttheke, Öle, Getränkemarkt und so weiter. Schreiben Sie Ihren Einkaufszettel rechtzeitig – also nicht, kurz bevor Sie sich auf den Weg zum Einkaufen machen. Denn dann vergessen Sie garantiert das ein oder andere. Sollte Ihnen ein Grundnahrungsmittel ausgehen, schreiben Sie dieses umgehend auf Ihren wöchentlichen Einkaufszettel, damit Sie es beim nächsten Einkauf nicht vergessen. Auf diese Weise fertigen Sie die Einkaufsliste ganz nebenbei an.

Im Prinzip reicht also ein Einkauf pro Woche. Eventuell müssen Sie dennoch zwischendurch noch einmal frisches Obst, Gemüse oder Fisch einkaufen, da diese Produkte teilweise nicht so lange haltbar sind oder bei langer Lagerung zu viele ihrer Nährstoffe verlieren.

Gesunde Ernährung beginnt bereits beim Einkaufen – und da ist eine vorausschauende Planung entscheidend.

Ganz wichtig: Halten Sie sich strikt an Ihre Notizen. Legen Sie nur Lebensmittel in den Einkaufswagen, die auf Ihrem Einkaufszettel stehen. Wenn Sie derart organisiert und vorbereitet einkaufen, kommen Sie nicht in Versuchung, unnötige und ungesunde Dinge einzupacken, Sie werden nicht »die Hälfte vergessen« und bringen den Einkauf zügig hinter sich.

Sie können Ihre Einkaufsliste ganz altmodisch per Hand auf einen Zettel schreiben, praktisch ist aber auch die Notizfunktion auf dem Handy. Besitzern von Smartphones stehen inzwischen viele raffinierte Einkaufszettel-Apps zur Verfügung (siehe Seite 139).

Nie hungrig einkaufen gehen!

Wer mit knurrendem Magen einkauft, kann ganz schnell Opfer der Verführung durch sofort konsumierbare, aber meist ungesunde Nahrungsmittel werden – deshalb: Nie hungrig einkaufen gehen! Das Bedürfnis, den Hunger zu stillen, ist sonst größer als der Vorsatz, sich clean und gesund zu ernähren. So landen mit leerem Magen tendenziell mehr ungesunde Nahrungsmittel im Einkaufswagen. Wer gesättigt einkauft, dem fällt es sehr viel leichter, sich an seinen Einkaufszettel zu halten. Kaufen Sie deshalb immer nach dem Essen ein oder essen Sie zuvor einen cleanen Snack.

Die Zutatenliste lesen lernen

Jeder Lebensmitteleinkauf, ob auf dem Wochenmarkt, im Hofladen, im Reformhaus oder im Biosupermarkt, sollte eine ganz bewusste Handlung sein. Nehmen Sie sich vor allem am Anfang ausreichend Zeit und lesen Sie sich die Zutatenlisten aller Produkte sorgfältig durch, die Sie in Ihren Einkaufswagen legen wollen. Nur so können Sie feststellen, welche Lebensmittel ins Clean-Eating-Konzept passen und welche nicht. Bei jedem Nahrungsmittel, das industriell verarbeitet wurde oder mehr als eine Zutat enthält, muss eine Zutatenliste auf der Verpackung aufgedruckt sein – das schreibt der Gesetzgeber vor. Was sich zunächst sehr aufwendig anhört, ist es eigentlich nicht: Bereits nach kurzer Zeit haben Sie gelernt, welche Lebensmittel frei von künstlichen beziehungsweise nichtcleanen Zusatzstoffen sind. Seien Sie dennoch wachsam, denn es kommt immer wieder vor, dass die Rezeptur von ein und demselben Produkt einfach geändert wird. Daher ist es unumgänglich, auch bei einem Lebensmittel, das man schon lange kennt und

IM SUPERMARKT

Ob im Supermarkt oder im Bioladen, studieren Sie die Zutatenlisten auf den Etiketten und Umverpackungen von verarbeiteten Lebensmitteln, um festzustellen, ob sie clean sind oder nicht. Lebensmittel, die Sie lose kaufen können, sind clean!

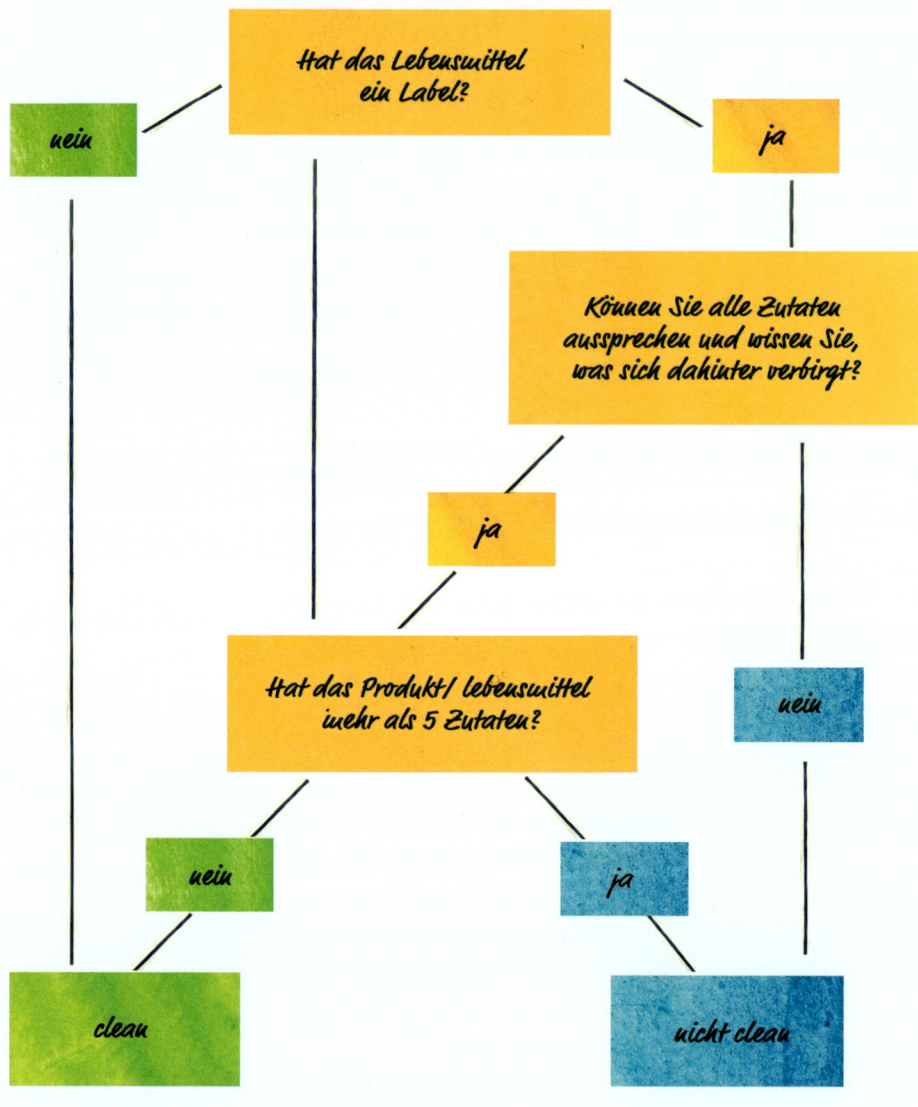

kauft, hin und wieder erneut einen Blick auf die Zutatenliste zu werfen. Um zu erkennen, ob ein Lebensmittel clean ist oder nicht, helfen die folgenden Faustregeln.

WAS DIE ZUTATENLISTEN VERRATEN

- Garantiert clean sind Lebensmittel, die komplett ohne Zutatenliste auskommen, weil sie nur eine Zutat haben, zum Beispiel frisches Obst, Gemüse, Nüsse und Hülsenfrüchte. Je kürzer die Zutatenliste auf der Lebensmittelverpackung ist, desto besser. Umgekehrt gilt: Je länger die Zutatenliste ist, desto stärker ist das Lebensmittel verarbeitet – und umso weiter ist es von seinem natürlichen Zustand entfernt. Produkte, deren Zutatenlisten aus mehr als fünf Zutaten bestehen, sind in der Regel nicht clean, sondern stark industriell verarbeitet. (Bei einem Kochrezept darf die Zutatenliste aber selbstverständlich mehr als fünf Zutaten beinhalten!)

- Lebensmittel, in denen Zutaten enthalten sind, die Sie nicht kennen, die sich »irgendwie chemisch« anhören oder die man nur ganz schwer aussprechen kann, sind in der Regel nicht clean. Zu diesen Zusatzstoffen zählen alle Konservierungs- und Farbstoffe, Geschmacksverstärker, Süßungsmittel, Antioxidantien, Säureregulatoren, Emulgatoren, Verdickungsmittel, Stabilisatoren und Geliermittel – also alle 316 durch die Europäische Behörde für Lebensmittelsicherheit (EFSA) zugelassenen und deklarationspflichtigen E-Nummern wie Natriumbenzoat (E 211) oder Polydimethylsiloxan (E 900). All diese Zutaten würden Sie nie lose einkaufen und zum Kochen verwenden – also haben sie in Ihrem Essen nichts verloren.

- Nahrungsmittel, für die im Fernsehen geworben wird, sind in den meisten Fällen industriell hergestellt und mit großer Wahrscheinlichkeit nicht clean. Meiden Sie außerdem Lebensmittel, die sich »light«, »fettarm« oder »fettfrei« nennen – diese wurden ebenfalls stark verarbeitet und enthalten zudem häufig viel Zucker – Gummibärchen »ganz ohne Fett« zum Beispiel! Lassen Sie auch vermeintliche Schnäppchen und Sonderangebote links liegen. Die Großpackungen sollen uns Verbraucher nämlich nur dazu verführen, mehr zu kaufen, als wir tatsächlich brauchen.

Wird ein Lebensmittel im TV beworben, enthält es mehr als fünf Zutaten, E-Nummern oder den Hinweise »light«, dann ist es mit Sicherheit nicht clean!

Clean kochen und zubereiten

Wer sich verlässlich clean ernähren will, kommt nicht umhin, sich seine Mahlzeiten selbst zuzubereiten. Nur so können Sie ganz sicher sein, dass ausschließlich die Zutaten in Ihrem Essen enthalten sind, die in Ihr Ernährungskonzept passen. Außerdem können Sie so Ihre Mahlzeiten exakt nach Ihren eigenen Vorstellungen zusammenstellen. Versuchen Sie deshalb, so oft wie möglich selbst zu kochen. Dazu müssen Sie wirklich nicht stundenlang in der Küche stehen. Ab Seite 68 finden Sie zahlreiche gesunde Rezepte, von denen viele in 30 Minuten fertig sind. Wenn Sie abends eine doppelte Portion kochen, können Sie eine Portion am nächsten Tag mit zur Arbeit nehmen. Und auch Ihr Frühstück können Sie zu großen Teilen schon am Vorabend vorbereiten.

Selberkochen ist die beste Garantie, sich wirklich clean und gesund zu ernähren.

SCHONENDE ZUBEREITUNG

Die Zunahme ernährungsbedingter Zivilisationskrankheiten ist bei Weitem nicht nur auf die vielen Fertigprodukte zurückzuführen, sondern auch auf die Denaturierung der Lebensmittel durch die unterschiedlichen Zubereitungsmethoden. Obst und Gemüse etwa verliert durch das Kochen, Braten oder Dünsten einen Teil seiner Nährstoffe. Daher sollte die Kochzeit generell so kurz und schonend wie möglich sein, um etwa die Zerstörung hitzeempfindlicher Vitamine auf ein Minimum zu beschränken.

Verwenden Sie beim Kochen idealerweise möglichst wenig Wasser, denn die Nährstoffe entweichen vor allem durch den Wasserdampf. Kurzes Dünsten zählt zu den schonendsten Zubereitungsmethoden, weil das Gemüse dabei nicht zerkocht wird und knackig bleibt. Das Gemüse wird dazu in heißem Öl gegart – je nach Sorte entweder im eigenen Saft oder unter der Zugabe von Wasser. Das Garen ist naturgemäß immer mit einem gewissen Nährstoffverlust verbunden. Wie hoch dieser genau ist, hängt von der Zubereitungsmethode und der Temperatur ab. So werden beim normalen Kochen mehr Nährstoffe zerstört als beim Dampfgaren.

Essen Sie so oft wie möglich Rohkost und gehen Sie beim Kochen schonend mit den Lebensmitteln um, statt sie »tot zu kochen«. Idealerweise besteht ein Drittel Ihrer täglichen Ernährung aus rohen Lebensmitteln. Essen Sie Obst und Gemüse zudem immer so frisch wie möglich, denn je länger Lebensmittel gelagert werden, desto mehr Nährstoffe verlieren sie in der Regel.

WERTVOLLE KÜCHENHELFER

Einige Küchenhelfer erleichtern das Kochen enorm und helfen, Zeit zu sparen. In einem Dampfgarer sind Hülsenfrüchte weitaus schneller zubereitet als in einem herkömmlichen Topf. Mit einem Dämpfeinsatz können Sie Gemüse schonend garen. Ein Hochleistungsmixer ist perfekt, um Smoothies zu mixen, Suppen zu pürieren und um Nussmus und Nussmilch sowie Energy Balls herzustellen. Frische Sprossen lassen sich mit einem Keimgerät auf jeder Fensterbank züchten. Mit einer Getreidemühle mahlen Sie Ihr eigenes Getreide. Getreidemühlen stehen aber auch in den meisten Bioläden und Reformhäusern zur Nutzung bereit.

Gewusst wie!

Clean Eating unterwegs

Während Sie beim Selberkochen genau wissen, welche Zutaten Sie verwenden, können Restaurantbesuche, Reisen und Einladungen zu einer echten Herausforderung werden. Unterwegs ist es meist schwer herauszufinden, ob eine Mahlzeit clean ist. Bei manchen Gerichten in Restaurants ist es zwar offensichtlich, dass sie nicht clean sind, etwa wenn beim Italiener Nudeln aus Auszugsmehl oder im Sushi-Restaurant weißer Reis serviert werden, doch ob Geschmacksverstärker wie Glutamat oder Convenience-Produkte verwendet wurden, wie viel Salz, Zucker und Fett in den Speisen stecken, lässt sich anhand der Speisekarte kaum feststellen. Unterwegs ist es einfach, sich clean zu ernähren, wenn man einige Tricks beherzigt oder cleanen Proviant dabeihat – was nicht heißt, dass Restaurantbesuche der Vergangenheit angehören müssen.

… AM ARBEITSPLATZ

Am Arbeitsplatz lauern viele nichtcleane Verführungen: Kuchen, Schokolade, der Süßigkeitenautomat oder der Bäcker und das Fast-Food-Restaurant um die Ecke – außerhalb der eigenen vier Wände ist es nicht immer einfach, sich clean zu ernähren. Vorausschauend planen ist deshalb besonders wichtig. Kochen Sie am Abend bereits eine Extraportion für das Mittagessen am kommenden Tag mit. Über Nacht bewahren Sie sie in einer Lunchbox im Kühlschrank auf oder – wenn Sie für mehrere Tage vorkochen wollen – im Gefrierfach. So können Sie sichergehen, dass Sie eine cleane Mahlzeit bekommen. Praktisch sind Speisen, die auch kalt gegessen werden können. (Weiter geht's auf Seite 50!)

CLEANE LEBENSMITTEL
IM
ÜBERBLICK

Lassen Sie es sich schmecken! Die Auswahl an Lebensmitteln, die ins Clean-Eating-Konzept passen, ist überraschend groß. Natürliche, unbehandelte Lebensmittel sind ideal!

Wahrscheinlich finden Sie hier auch einige Lebensmittel, von denen Sie bisher noch nie gehört haben. Probieren Sie auch diese aus! Im Rezeptteil ab Seite 68 erhalten Sie Anregungen, wie man diese zubereitet. Eine große Auswahl an cleanen Lebensmitteln bieten Bioläden, Reformhäuser, Hofläden und regionale Wochenmärkte und last but not least das Internet. Achten Sie auf Bioqualität und kaufen Sie möglichst, was gerade Saison hat.

GEMÜSE UND FRÜCHTE

Gemüse: *Frisch oder tiefgekühlt, pur und ohne weitere Zusatzstoffe. Möglichst regional und saisonal. Alle Sorten Blattgemüse: Salate wie Rucola, Feldsalat, Kopfsalat, Spinat, Mangold; Kohlsorten wie Blumenkohl, Rotkohl, Brokkoli, Kohlrabi, Grünkohl; Blütengemüse wie Zucchini und Artischocken; Fruchtgemüse wie Gurken, Tomaten, Paprika, Kürbis, Auberginen und Avocados; Knollengemüse wie Rote Beten, Radieschen, Rettich, Kartoffeln, Süßkartoffeln, Möhren, Topinambur und Pastinaken und Zwiebelgemüse wie Knoblauch, Schalotten und Lauch; Sprossen wie Brokkolisprossen, Sojasprossen, Alfalfasprossen, Kresse und Shisokresse; Hülsenfrüchte wie Gartenbohnen, Sojabohnen, Mungobohnen, Belugalinsen, Erbsen und Kichererbsen (siehe Seite 47).*

Früchte: *Alle Sorten. Vor allem frisch oder tiefgefroren, als Snacks in kleinen Mengen auch getrocknet, aber immer ungeschwefelt, ungesalzen und ungezuckert. Möglichst regional und saisonal. Kernobst wie Äpfel und Birnen; Steinobst wie Aprikosen, Kirschen, Pflaumen, Pfirsiche; Beerenobst wie Erdbeeren, Himbeeren, Heidelbeeren und Brombeeren; Schalenobst wie Cashew-, Hasel-, Kokosnüsse, Mandeln, Macadamia, Pistazien und Walnüsse (siehe Seite 47); Südfrüchte wie Ananas, Bananen, Kiwis, Orangen, Zitronen, Limetten und Grapefruits.*

GETREIDE UND PSEUDOGETREIDE

Getreide: *Alle Sorten in der Vollkornvariante: Weizen, Roggen, Gerste, Dinkel, Hafer, Hirse, Mais, Reis, Einkorn, Emmer, Kamut; daraus hergestellte Vollkornmehle wie Dinkelvollkornmehl, Maismehl; außerdem Vollkornpasta und Vollkornflocken wie Haferflocken, Dinkelflocken oder Kamutflocken.*

Achtung: *Couscous und Bulgur werden in der Regel wie herkömmliche Nudeln aus Hartweizengrieß hergestellt und sind nicht clean, Vollkorn-Couscous und Vollkorn-Bulgur dagegen können verwendet werden. Graupen sind geschliffene Weizen- oder Gerstenkörner und ebenfalls nicht clean.*

Pseudogetreide: *Quinoa, Amaranth und Buchweizen sowie daraus hergestelltes Mehl, Flocken, gepuffter Amaranth und gepuffte Quinoa.*

NÜSSE, KERNE UND SAMEN

Alle Sorten: *Möglichst roh, unblanchiert, unbehandelt und ohne Zusätze: Mandeln, Macadamia, Maronen, Walnuss-, Haselnuss-, Cashew-, Paranusskerne, Kürbiskerne, Kokosnuss, Kakaobohnen, Leinsamen, Chiasamen, Mohn, Sesam.*

HÜLSENFRÜCHTE

Bohnen: *Sojabohnen, grüne Bohnen, weiße Bohnen, Kidneybohnen, dicke Bohnen, Buschbohnen, Stangenbohnen, Mungobohnen.*

Erbsen: *Gartenerbsen, Kichererbsen.*

Linsen: *Tellerlinsen, Belugalinsen, Puylinsen, Berglinsen.*

Achtung: *Rote und gelbe Linsen sind geschält und somit nicht clean.*

KRÄUTER UND GEWÜRZE

Küchenkräuter: *Alle Sorten, frisch, getrocknet oder tiefgekühlt, zum Beispiel Schnittlauch, Petersilie, Basilikum, Oregano, Kerbel, Minze, Salbei, Majoran, Thymian, Rosmarin, Koriander, Dill, Liebstöckel, außerdem Würzknollen wie Ingwer und Meerrettich.*

Gewürze: *Alle Einzelgewürze ohne weitere Zutaten, zum Beispiel Salz, Pfeffer, Zimt, Muskat, Kurkuma, Kümmel, Safran, Vanille.*

Gewürzmischungen: *Aus 100 Prozent Gewürzen ohne Füllmittel wie etwa Reismehl, zum Beispiel Curry, Kräuter der Provence, bunter Pfeffer.*

FISCH, FLEISCH, MILCHPRODUKTE UND EIER

Fisch und Meeresfrüchte: *Alle unverarbeiteten Sorten ohne Zusatzstoffe: Wildfang und Zuchtfisch aus kontrollierter Aquakultur wie Lachs, Hering, Makrele, Jakobsmuscheln, Garnelen, Austern und Hummer.*

Fleisch: *Alle unverarbeiteten Sorten ohne Zusatzstoffe wie Schwein, Rind, Kalb, Lamm, Huhn – und natürlich in Bioqualität.*

Milchprodukte: *Bei Milchprodukten wie Joghurt und Butter immer die Vollfettvarianten ohne Zusatzstoffe, außerdem Rohmilch oder Vorzugsmilch.*

Eier: *Hühnereier aus Freilandhaltung.*

ÖLE, FETTE UND ESSIG

Zum Braten und Dünsten: *Olivenöl, Kokosöl, Butterschmalz (Ghee).*

Für Salate: *Kalt gepresste Öle wie Leinöl, Walnussöl, Pistazienöl, Essig ohne Zusatzstoffe und Zucker wie Apfelessig und Balsamicoessig.*

SÜSSES

Statt Zucker *zum Süßen Naturprodukte wie Honig, Agavendicksaft, Apfel- und Birnendicksaft und Ahornsirup.*

In Maßen Rohrohrzucker und Kokosblütenzucker.

GETRÄNKE UND FLÜSSIGKEITEN

Leitungs- und Mineralwasser, grüner Tee, Kräutertee und schwarzer Tee ohne zugesetzte Aromastoffe, Kaffee und Kaffeespezialitäten in Maßen, Kokosnussmilch, Kokosnusswasser, ungezuckerte Pflanzenmilch, wie Sojamilch oder Mandel- und Haselnussmilch (siehe Seite 133).

KOMPROMISSE

Lebensmittel, die nicht typisch clean sind, aber den Alltag erleichtern und nur wenige oder keine Nachteile haben: Hülsenfrüchte aus dem Glas, Mais aus dem Glas, eingelegte Gewürzgurken, Sauerkraut und Rote Bete aus dem Glas, Nussmus, Nussmilch, Nudeln aus Vollkornmehl, Senf, Maisstärke, Hefe, Weinstein-Backpulver.

Clevere Snacks

Als Snacks eignen sich beispielsweise eine Handvoll Nüsse, Trockenfrüchte, Gemüsesticks, Energy Balls (siehe Seite 128) oder Energieriegel. Auch einen grünen Smoothie können Sie zu Hause vorbereiten und ins Büro oder an den Arbeitsplatz mitnehmen.

... IM RESTAURANT

Menü

Das Angebot an leckeren Gerichten im Restaurant verführt schnell dazu, eine Mahlzeit auszuwählen, die man sich zu Hause vielleicht nicht kochen würde. Das macht natürlich einerseits den Reiz des Restaurants aus – führt andererseits aber auch schnell in eine Clean-Eating-Falle. Denn obwohl man es oft nicht erwartet – auch in Restaurants kommen Convenience-Produkte zum Einsatz. Häufig werden industriell hergestellte Produkte wie Saucen und Dressings verwendet. Das spart Personal und Zeit – Letzteres ist gerade beim Businesslunch in der Mittagspause vielen Gästen wichtig. In Restaurants beispielsweise, die eine gutbürgerliche deutsche Küche anbieten, ist es oft schwer, ein passendes Gericht zu finden. Vor einem Restaurantbesuch sollten Sie sich also darüber informieren, welche Gerichte auf der Karte stehen, und überlegen, welche Speisen am besten zu Ihrem Clean-Eating-Plan passen. Sie können auch im Voraus mit dem Restaurant absprechen, ob Ihnen etwas Spezielles zubereitet werden kann, wenn Ihnen kein Gericht von der Karte zusagt. Meist reicht es aber auch, dies vor Ort mit der Kellnerin oder dem Kellner zu klären. Gut geführte Restaurants nehmen auf die Wünsche ihrer Kunden Rücksicht, insbesondere, wenn Allergien oder Lebensmittelunverträglichkeiten vorliegen. So ist es im Normalfall für die Küche kein Problem, ein Gericht zuzubereiten, das nicht auf der Karte steht.

Gerne wird im Restaurant **vorweg** Weißbrot mit Butter oder Aufstrichen gereicht, die den Blutzuckerspiegel hochschnellen lassen. Bitten Sie den Kellner, den Brotkorb erst gar nicht an den Tisch zu bringen – denn wer hungrig ist, greift schnell zu, wenn er erst mal auf dem Tisch steht. Wählen Sie als **Vorspeise** lieber einen leichten, knackigen Salat mit Essig und Öl oder einem Joghurtdressing. French und American Dressing hingegen enthalten viel Fett, Zucker und Salz und auch Zutaten wie Croûtons, Käse und Speck lassen einen Salat schnell zu einer nichtcleanen Kalorienbombe werden. Saucen und Dressings können Sie sich separat servieren lassen – dann bestimmen Sie selbst, wie viel Sie verwenden.

GESUNDE SNACKS
SCHNELL & PRAKTISCH

Um Heißhungerattacken zu vermeiden, sind zwei bis drei Snacks pro Tag ideal. Die kleinen Zwischenmahlzeiten liefern neue Energie, sind schnell zubereitet und auch zum Mitnehmen geeignet.

SCHNELLE SHNACKS

Früchte, Trockenobst, Gemüse oder eine Handvoll Nüsse liefern eine Fülle an Nährstoffen. Als unkomplizierte Snacks besitzen sie nicht nur einen hohen Gesundheitswert, sondern eignen sich auch perfekt für unterwegs. Eine Banane, frische Beeren, gefrorene Trauben, Kirschtomaten oder eine Avocado liefern schnelle Energie und halten den Blutzuckerspiegel konstant. Gemüsesticks können mit Hummus (siehe Seite 134), Hüttenkäse oder anderen Dips kombiniert werden. Wer Obst und Gemüse lieber trinkt, der bereitet sich einen grünen Smoothie zu (siehe Seite 118–121).

RAFFINIERTE SNACKS

Wer etwas mehr Zeit investieren möchte, snackt zwischendurch einen Apfel-Aprikosen-Keks (siehe Seite 129), einen Quinoa-Mandel-Riegel (siehe Seite 127) oder einen schnellen Chia-Pudding (siehe Seite 78). Auch geröstete Kichererbsen, Edamame, selbst gemachtes Popcorn, gepuffte Quinoa (siehe Seite 127) oder Gemüsechips aus Grünkohl, Wirsing, Roter Bete oder Süßkartoffeln sind schnell zubereitet.

GEGEN DEN KLEINEN HUNGER

Ein Stück Käse, ein hart gekochtes Ei, Joghurt mit Früchten oder ein Stück dunkle Schokolade mit mindestens 70 Prozent Kakaoanteil stillen den kleinen Hunger zwischendurch.

Gute Restaurants gehen immer gerne auf die Sonderwünsche ihrer Gäste ein.

Verzichten Sie beim **Hauptgang** auf Gerichte mit fettigen Käse-, Rahm- und Sahnesaucen. Wählen Sie stattdessen einen großen Salat, Gemüsegerichte, eine leichte Suppe, mageres Geflügel oder Fisch. Kartoffeln sind eine gesunde Sättigungsbeilage. Italienische Restaurants bieten immer häufiger Vollkornpasta an. Und auch immer mehr Asiaten reichen Vollkornreis als Beilage. Wenn dies nicht explizit auf der Speisekarte steht, sollten Sie danach fragen. Nach meiner Erfahrung kann dem Wunsch nach Vollkornprodukten in vielen Fällen nachgekommen werden. Meiden Sie sehr fettige Speisen wie Pizza, Burger, mit Käse überbackene Aufläufe und Gratins sowie Frittiertes. Oft, jedoch nicht immer, sind die vegetarischen und veganen Gerichte auf der Speisekarte gesünder als jene mit Fleisch. Wenn die Hauptgerichte nicht clean sind, schauen Sie, ob unter den Vorspeisen etwas für Sie dabei ist. Vorspeisen lassen sich oft gut miteinander kombinieren, sodass Sie mehrere davon wählen können, statt eine Hauptspeise zu bestellen.

Desserts enthalten meist viel Zucker und Fett. Obstsalate, Fruchtsorbets sowie Joghurt- und Quarkspeisen sind häufig clean. Sie können aber auch ganz auf das Dessert verzichten und sich beispielsweise einen Espresso bestellen.

Vorsicht auch bei der Wahl der **Getränke:** Softdrinks sind nicht clean und Alkohol sollten Sie nur in Maßen trinken. Und lassen Sie besser die Finger von Bier, Longdrinks und Cocktails, denn Alkohol hemmt die Fettverbrennung und regt den Appetit an – insbesondere auf süße und fettige Speisen. Eine cleane Alternative ist alkohlfreies Bier. Auch eine Weinschorle ab und an passt ins Konzept. Trinken Sie als Durstlöscher Wasser. Es füllt den Magen und sorgt somit gleichzeitig dafür, dass Sie weniger Hunger haben.

... IM URLAUB

Wer sich im Urlaub 100 Prozent clean ernähren möchte, sollte sich ein Ferienappartement mit Küche mieten, in dem man sich selbst verpflegen kann. So können Sie sich Ihre Mahlzeiten gesund und frisch zubereiten, ohne dass Sie auf ein Hotelbuffet oder die Speisekarte im Restaurant achten müssen. Auf Wochenmärkten und in Bioläden finden Sie an vielen Urlaubsorten frische Lebensmittel. Schon im Voraus können Sie sich informieren, welche Möglichkeiten es am Urlaubsort gibt: Gibt es Bioläden, Reformhäuser, Wochenmärkte, vegetarische und vegane Restaurants?

Wer sich für Urlaub im Hotel entscheidet oder auf Geschäftsreise ist, kann vorher recherchieren oder im Hotel nachfragen, welche Speisen angeboten werden. Verzichten Sie auch hier auf Convenience-Produkte wie etwa aus Trockenei hergestelltes Rührei, zuckerhaltige Müslis und Marmeladen und wählen Sie lieber Spiegelei oder stellen Sie sich Ihr Müsli selbst zusammen.

Unterwegs hat sich außerdem ein selbst gemachtes Instant-Frühstück bewährt: Bereiten Sie ein trockenes Müsli, bestehend aus Vollkornhaferflocken, Trockenfrüchten, Nüssen und Samen, vor und füllen Sie es portionsweise (eine Portion ist eine Handvoll) in kleine Behälter mit wiederverschließbaren Deckeln. Etwas heißes Wasser zum Aufgießen bekommen Sie in jedem Hotel und in jeder Ferienwohnung, sodass Sie sich dieses Instant-Frühstück überall zubereiten können. Oder nehmen Sie eine kleine Packung Hafertrunk oder selbst gemachte Nussmilch (siehe Seite 133) mit, die Sie zu Ihrem Müsli geben. Als cleaner Reiseproviant eignen sich frisches Obst und Gemüse sowie Nüsse perfekt.

Cleaner Proviant

... WENN SIE EINGELADEN SIND

Ganz klar: Wer von Geschäftspartnern, Freunden oder Bekannten zum Essen eingeladen wird, möchte nicht unhöflich sein und den Gastgeber verärgern, wenn die angebotenen Speisen nicht clean sind. Egal ob bei Geschäftsessen, Weihnachtsfeiern, Geburtstagen, Hochzeiten oder einer Party: Ein Stück Sahnetorte oder die fettige Grillwurst höflich abzulehnen ist nicht immer einfach. Sie können aber vorsorgen: Essen Sie schon vor dem Ereignis eine gesunde Kleinigkeit. Wenn Ihr Magen bereits gefüllt ist, kommen Sie während der Feier nicht in Versuchung, zu ungesunden Speisen zu greifen. Bedienen Sie sich bei den cleanen beziehungsweise annähernd cleanen Speisen, wie etwa Salaten, Gemüse, gedünstetem Fisch oder Fleisch ohne Panade, Obstsalaten und so weiter. Wählen Sie nur kleine Portionen. Lassen Sie Knabbereien wie Chips und Salzstangen links liegen – diese enthalten Geschmacksverstärker und ungesunde Transfette. Ein Buffet hat den Vorteil, dass Sie aus verschiedenen Gerichten auswählen können. Meist sind auch Speisen dabei, die ins Clean-Eating-Konzept passen. Wählen Sie beispielsweise vorweg einen Salat, als Hauptspeise Gemüse und verzichten Sie auf Fettiges. Falls die Gäste aufgefordert sind, Speisen mitzubringen, sind Sie sowieso auf der sicheren Seite.

GANZHEITLICHKEIT DURCH
CLEAN EATING &
POWER-YOGA

Power-Yoga ist ein fließender, dynamischer Yogastil, bei dem verschiedene Yogahaltungen (Asanas) in sogenannten Flows miteinander verbunden werden. Bewegung und Atemübungen (Pranayama) werden bewusst miteinander synchronisiert.

Ziel ist es, Körper, Geist und Seele in Einklang zu bringen. Und damit ist Power-Yoga die ideale Ergänzung zum Clean Eating! Dieser aus dem Ashtanga-Yoga abgeleitete Yogastil betont eher den sportlichen, körperlichen Aspekt und weniger die spirituelle Praxis, denn er wurde für die Menschen in der westlichen Welt entwickelt. Daher sucht man Meditationen, Mantras oder Guru-Verehrungen beim Power-Yoga vergebens. Anders als beim Ashtanga-Yoga, wo eine feste Abfolge von Asanas im Vordergrund steht, richtet sich Power-Yoga individuell nach den Vorlieben, Bedürfnissen und Fähigkeiten des Einzelnen.

Power-Yoga ist – wie der Name schon nahelegt – ein sehr kraftvoller und schweißtreibender Yogastil. Wie bei jeder Yogapraxis lernen Sie auch beim Power-Yoga, den gegenwärtigen Moment bewusst zu erleben und ganz im Hier und Jetzt zu sein.

Praktizieren Sie Yoga jeden Tag mindestens 10, besser 30 Minuten und einmal pro Woche 90 Minuten. Idealerweise legen Sie eine Power-Yoga-Einheit ein, wenn Ihr Magen leer ist. Auf jeden Fall sollte mindestens eine Stunde seit dem letzten Essen vergangen sein, bevor Sie sich auf die Matte begeben.

Die Asanas des Power-Yoga-Zyklus

Die Übungsabfolge besteht aus zehn unterschiedlichen Yogahaltungen (Asanas) und ist so konzipiert, dass jeder sie erlernen und ausführen kann: Alle hier vorgestellten Asanas sind sowohl für Anfänger als auch für Fortgeschrittene geeignet. Anfänger sollten sich zunächst auf die korrekte Ausführung der einzelnen Asanas konzentrieren und erst im zweiten Schritt die Bewegungen und den Atem miteinander verbinden.

Fortgeschrittene gestalten den Bewegungsablauf dynamischer: Wenn Sie die zehn Asanas beherrschen, können Sie diese in einem Rutsch durchführen (siehe Seite 66–67). Beenden Sie einen Zyklus immer mit der Savasana-Entspannung (siehe Seite 65).

Trainiert werden Kraft, Beweglichkeit, Balance und Kondition. Die Übungsabfolge wirkt belebend, das Herz-Kreislauf-System wird gefordert, der Stoffwechsel wird aktiviert, die Muskeln werden gestärkt und gedehnt und die Gelenke mobilisiert. Der Blutdruck wird gesenkt, Rücken-, Kopf- und Nackenschmerzen werden gelindert. Die Asanas fordern uns jedoch nicht nur körperlich, sondern auch mental: Sie verbessern die Achtsamkeit und Konzentration, helfen, Stress zu reduzieren, und steigern die Leistungsfähigkeit. Regelmäßige Yogapraxis wirkt zudem stimmungsaufhellend und steigert das Wohlbefinden. Wichtig: Die Ausführung aller Asanas sollte sich immer gut anfühlen und keinesfalls schmerzhaft sein.

Pranayama

Unter Pranayama versteht man das Zusammenführen von Körper und Geist durch die Atmung. Das spielt beim Power-Yoga eine wichtige Rolle. Anfänger lernen zunächst, ihre Atmung bewusst wahrzunehmen und mit den Bewegungsabläufen zu synchronisieren. Der gleichmäßige Fluss des Atems steht im Vordergrund. Atmen Sie ausschließlich durch die Nase. Eine Faustregel lautet: Einatmen, wenn der Blick nach oben geht, ausatmen, wenn Sie nach unten schauen. Wenn Sie eine Asana länger halten, atmen Sie natürlich und gleichmäßig weiter. Halten Sie den Atem keinesfalls an! Fortgeschrittene können die Ujjayi-Atmung einsetzen, die auch ozeanische Atmung genannt wird. Das Geräusch, das dabei entsteht, erinnert an das Rauschen des Meeres. Erzeugt wird dieses Geräusch, indem der Luftkanal bewusst verengt wird.

Power-Yoga ist nicht nur Fitnesstraining – es wirkt auch positiv auf Geist und Seele.

Was Sie brauchen

Tragen Sie für das Power-Yoga-Workout elastische und bequeme Sport- oder Yogakleidung: nichts, was zwickt oder einengt. Schuhe sind nicht nötig. Idealerweise machen Sie die Übungen barfuß. Falls Sie jedoch zu kalten Füßen neigen, sind Stulpen eine gute Alternative oder natürlich ein Paar gleitfeste Socken. Sonst brauchen Sie nur noch eine rutschfeste Yogamatte und eine Decke, mit der Sie sich während der Endentspannung zudecken können.

Berg

1 Stellen Sie sich aufrecht an den Anfang der Matte. Ihr Gewicht ist gleichmäßig auf Ihre geschlossenen Füße verteilt. Oberschenkel und Gesäß sind angespannt.

2 Ziehen Sie Ihr Steißbein nach unten und Ihre Schultern nach hinten unten. Nehmen Sie beide Hände vor der Brust in die Gebetshaltung. Ihr Bachnabel zieht nach innen. Heben Sie Ihr Brustbein und Ihr Kinn, der Blick geht nach vorne.

3 Strecken Sie die Arme mit dem Einatmen über die Seiten nach oben. Die Handinnenflächen berühren sich. Spüren Sie die Spannung bis in die Fingerspitzen.

Tipp

Bei Schulterproblemen können die Arme weiter nach vorne abgesenkt werden. Die Arme sind dann parallel zueinander, die Handinnenflächen berühren sich nicht. Bei Nackenschmerzen kann der Blick geradeaus statt nach oben gerichtet werden.

Vorwärtsbeugen

1 Für die Vorwärtsbeuge beugen Sie mit dem Ausatmen den Oberkörper mit geradem Rücken nach vorne, bis Ihr Brustkorb an den Oberschenkeln anliegt. Die Beine sind gestreckt oder, wenn dies zu schmerzhaft ist, gebeugt. Der Nacken ist lang und entspannt.

2 Legen Sie die Hände neben den Füßen ab. Wenn Ihnen dies nicht möglich ist, beugen Sie die Knie oder legen Sie die Hände einfach auf den Schienbeinen ab.

3 Halten Sie die Vorwärtsbeuge einige Atemzüge lang.

4 Für die halbe Vorwärtsbeuge heben Sie mit dem Einatmen den Blick und den Rumpf, bis er parallel zum Boden ist. Der Rücken ist gerade, die Knie sind gestreckt oder angewinkelt. Die Fingerspitzen berühren den Boden oder werden auf den Schienbeinen abgelegt. Der Blick geht nach vorne.

5 Halten Sie die halbe Vorwärtsbeuge fünf Atemzüge lang. Beugen Sie dann die Knie leicht und richten Sie den Blick nach vorne.

Brett & Chaturanga

1 Mit dem Ausatmen setzen Sie die Hände neben Ihren Füßen ab und gehen zwei große Schritte zurück ins Brett. Fortgeschrittene können springen. Die Schultern sind über den Händen, Spannung in den Beinen und Kraft in den Füßen. Der Körper bildet eine gerade, diagonale Linie vom Kopf bis zu den Fersen, alle Muskeln sind angespannt.

2 Lassen Sie mit eng anliegenden Ellbogen Knie und Brust zu Boden sinken. Die Schultern ziehen nach hinten und unten.

3 Legen Sie Ihre Füße mit dem Fußspann auf die Matte. Der Bauchnabel zieht zur Wirbelsäule. Das Gesäß ist entspannt.

Tipp

Anfänger können die Knie im Brett auf der Matte absetzen, sodass die Arm- und Bauchmuskulatur weniger belastet werden. Lassen Sie aus dieser Position Brust und Stirn mit eng anliegenden Ellbogen zum Boden sinken. Legen Sie auch aus dieser Position die Füße um und drücken Sie den Fußspann in die Matte.

1

Kobra

1 Mit dem Einatmen heben Sie den Oberkörper aus der Kraft des unteren Rückens an. Die Ellbogen bleiben eng am Körper unter den Schultern und sind gebeugt. Die Schultern drücken weiterhin weg von den Ohren. Die Handinnenflächen bleiben am Boden.

2 Geben Sie nur leichten Druck in die Hände. Fortgeschrittene können die Handinnenflächen vom Boden abheben.

3 Der Bauchnabel zieht zur Wirbelsäule. Das Gesäß ist entspannt, das Becken bleibt am Boden. Der Fußspann drückt weiterhin in die Matte.

Tipp

Geübte können sich auch in den heraufschauenden Hund hochdrücken: Dazu mit dem Einatmen die Arme strecken und die Hände fest in die Matte drücken. Die Schultern befinden sich über den Handgelenken und ziehen nach unten. Der Fußspann drückt fest in die Matte. Nur der Fußspann und die Hände berühren die Matte. Die Beine sind angespannt. Der Blick geht leicht nach oben, bei Nackenproblemen geradeaus.

Herabschauender Hund

1 Stellen Sie mit dem Ausatmen die Zehen auf und drücken Sie das Gesäß nach oben. Beide Hände drücken fest in den Boden, die Finger sind gespreizt, die Arme gestreckt. Die Oberarme rotieren leicht nach außen, die Schultern drücken weg von den Ohren. Ihr Kopf bleibt in Verlängerung der Wirbelsäule.

2 Die Füße sind hüftbreit geöffnet. Drücken Sie die Fersen in Richtung Boden. Der Rücken ist gestreckt, der Bauchnabel zieht in Richtung Wirbelsäule.

3 Halten Sie die Position für fünf Atemzüge. Der Atem fließt gleichmäßig.

4 Anschließend beugen Sie Ihre Knie leicht und richten den Blick nach vorne.

Tipp

Die Fersen müssen den Boden bei der Übung nicht berühren und die Beine müssen nicht durchgedrückt sein. Gerade Anfängern fällt dies schwer. Beugen Sie die Knie leicht, wenn die hintere Beinmuskulatur zieht, und laufen Sie auf der Stelle, um die Muskulatur zu dehnen. Fortgeschrittene strecken die Beine.

Krieger 1

1 Bringen Sie den rechten Fuß (bei der Wiederholung den linken Fuß) mit dem nächsten Einatmen nach vorne zwischen die Hände. Das vordere Knie befindet sich über der Ferse, der Oberschenkel ist parallel zum Boden, sodass Oberschenkel, Knie und Unterschenkel einen rechten Winkel bilden. Das hintere Bein ist gestreckt.

2 Setzen Sie den hinteren Fuß um 45 Grad auf der Matte ab. Anfänger können den Fuß gerade stehen lassen. Der hintere Fuß steht auf den Zehenspitzen, die Ferse zieht nach oben. Die Hüften sind nach vorne ausgerichtet, der Bauchnabel zieht nach innen. Nehmen Sie die Hände in die Gebetshaltung.

3 Strecken Sie die Arme über den Kopf, die Handinnenflächen sind zueinandergedreht. Die Schultern ziehen nach hinten unten. Alternativ können die Hände in der Gebetshaltung bleiben. Der Brustkorb ist angehoben, der Blick geht geradeaus oder nach oben.

Halten Sie die Übung zu Beginn länger, um an der korrekten Ausführung zu arbeiten.

Krieger 2

1 Setzen Sie die hintere Ferse mit dem Ausatmen um 90 Grad ab, sodass der hintere Fuß parallel zur kurzen Seite der Matte steht. Ihr hinteres Bein ist gestreckt. Öffnen Sie nun Ihre Hüften.

2 Strecken Sie die Arme nach vorne und hinten und parallel zum Boden aus. Ihre Schultern sind unten. Nehmen Sie dazu die Handinnenflächen noch einmal nach oben und senken Sie die Schultern bewusst nach unten. Lassen Sie die Handinnenflächen anschließend wieder in Richtung Matte zeigen. Die Schultern bilden eine Linie mit den Händen.

3 Das vordere Knie ist im 90-Grad-Winkel gebeugt, der Oberschenkel befindet sich parallel zur Matte. Das vordere Knie zieht leicht nach außen.

4 Ihr Blick geht nach vorne über den vorderen Mittelfinger. Bringen Sie Spannung in den gesamten Körper und ziehen Sie den Bauchnabel leicht Richtung Wirbelsäule.

Friedlicher Krieger

1 Legen Sie den hinteren Arm mit dem Einatmen auf dem hinteren Oberschenkel ab und strecken Sie den vorderen Arm nach oben, bis Sie eine angenehme Dehnung in der Seite spüren. Öffnen Sie die Brust.

2 Ihr Blick folgt der oberen Handinnenfläche. Der ganze Körper ist angespannt, Ihr Bauchnabel zieht leicht Richtung Wirbelsäule.

3 Ihr hinteres Bein bleibt durchgehend gestreckt, der hintere Fuß steht weiter parallel zur kurzen Seite der Matte.

4 Das vordere Knie bleibt im 90-Grad-Winkel gebeugt und zieht leicht nach außen. Der Oberschenkel verläuft parallel zur Matte.

Tipp

Diese Übung entspricht einer leichten Rückbeuge. Rückbeugen und eine tiefe Atmung können dazu führen, dass Emotionen verstärkt wahrgenommen werden – positive wie negative! Nehmen Sie diese Gefühle bewusst wahr und atmen Sie entspannt aus. Dadurch öffnen Sie sich, können loslassen und Neuem Raum geben.

Gestreckter seitlicher Winkel

1 Legen Sie mit dem Ausatmen den vorderen Arm auf dem vorderen Oberschenkel ab und strecken Sie mit dem Einatmen den hinteren Arm über das Ohr nach oben.

2 Fortgeschrittene setzen den hinteren Arm auf dem Boden ab. Der Blick folgt der oberen Hand. Die Schultern ziehen weg von den Ohren. Das hintere Bein ist gestreckt und der hintere Fuß drückt in den Boden. Halten Sie diese Position einige Atemzüge.

3 Setzen Sie beide Hände neben den vorderen Fuß. Kommen Sie mit dem hinteren Fuß auf die Zehen und ins Brett (siehe Seite 58).

4 Für den Power-Yoga-Zyklus gehen Sie nun in die Chaturanga-Position (Seite 58), die Kobra (Seite 59), den herabschauenden Hund (Seite 60), die halbe Vorwärtsbeuge und die Vorwärtsbeuge (Seite 57), die Samasthiti-Haltung und beenden den Zyklus schließlich mit der Savasana-Entspannung (Seite 65).

Savasana – Entspannung pur

1 Beenden Sie die Übungsreihe mit einer Entspannung. Legen Sie sich dazu in Rückenlage auf die Matte. Die Arme liegen neben dem Körper, ohne ihn zu berühren. Die Handinnenflächen zeigen nach oben. Die Füße fallen locker zur Seite. Der untere Rücken ist gestreckt. Bei einem Hohlkreuz wird der untere Rücken entlastet, indem Sie eine zusammengerollte Decke oder ein Bolster unter Ihre Knie legen. Die Halswirbelsäule ist gestreckt, das Kinn zieht leicht zur Brust.

2 Schließen Sie die Augen und bleiben Sie 5–15 Minuten liegen.

3 Lassen Sie Ihren Atem tiefer werden, bewegen Sie Hände und Füße langsam wieder. Dehnen und strecken Sie den ganzen Körper.

Tipp

Lassen Sie diese Entspannungsübung nicht aus! Sie stellt zwar keine hohen Anforderungen an Ihre Fitness, wird Sie aber sehr dabei unterstützen, Ihren Geist zu entspannen.

1

POWER-YOGA-ZYKLUS

Wenn Sie die zehn Asanas auf den vorangegangenen Seiten beherrschen, können Sie dazu übergehen, sie flüssig miteinander zu verbinden. Von Tag zu Tag werden Ihnen die Flows immer besser gelingen!

halbe Vorwärtsbeuge

Vorwärtsbeuge

Samasthiti

Herabschauender Hund

Ziel

Kobra

Savasana

Chaturanga

Brett

Gestreckter, seitlicher Winkel

Friedlicher Krieger

Je nach Schnelligkeit und Intensität dauert ein Power-Yoga-Zyklus 5 bis 15 Minuten. Halten Sie die Asanas insbesondere am Anfang lieber länger und achten Sie auf eine korrekte Ausrichtung der Übungen. Fortgeschrittene führen die Flows flüssiger und dynamischer aus und achten vermehrt auf die Verbindung von Bewegung und Atem.

Den Zyklus können Sie beliebig oft wiederholen! Achten Sie aber bei den Asanas Krieger 1, Krieger 2, beim friedlichen Krieger sowie beim seitlichen gestreckten Winkel darauf, den vorderen Fuß in jedem Zyklus abzuwechseln. Um ausgeglichen zu trainieren, sollten Sie immer eine gerade Anzahl von Flows durchführen.

Vorwärtsbeuge

halbe Vorwärtsbeuge

Berg

Brett

Samasthiti

Chaturanga

Start

Kobra

Herabschauender Hund

Krieger 1

Krieger 2

Die Clean-Eating-Küche ist abwechslungsreich und bunt: Hirsefalafeln mit Tomatensalat (Seite 103) sind schnell gemacht und eine vollwertige Mahlzeit.

CLEANE POWER REZEPTE

Die Clean-Eating-Küche
überrascht mit Geschmacksvielfalt

Sie gehört zu den Favoriten, wenn es um gesundes, figurbewusstes Kochen geht.

ABWECHSLUNG IST GARANTIERT!

Cleane Mahlzeiten

STROTZEN NUR SO VOR VITAMINEN UND SEKUNDÄREN PFLANZENSTOFFEN UND SIND DESHALB IDEAL, UM ENERGIE UND Kraft zu schöpfen!

Viel Spaß beim Schnippeln, Dünsten, Brutzeln, Braten, Backen, Kochen, Zubereiten und

GUTEN APPETIT!

03.03.16
Sehr lecker und
schnell gemacht!

Proats
mit Honigbananen und Mandeln

Für 2 Portionen:

80 g Vollkornhaferflocken
1 Banane
1 EL Kokosnussöl
½ TL Zimt
150 g griechischer Joghurt
15 g Mandeln

Joghurt vergessen, war
aber auch ohne lecker
(und vegan ☺)

statt Wasser Kokos-Reismilch genommen

1 Zunächst 200 ml Wasser zum Kochen bringen und die Vollkornhaferflocken 5 Minuten darin köcheln lassen. Die Banane schälen und in Scheiben schneiden. *Hier immer wieder bisl Flüssigkeit nachgeschüttet*

2 Das Kokosnussöl in einer Pfanne erhitzen. Die Bananen mit Zimt bestreuen und von beiden Seiten goldgelb braten.

3 Den Joghurt mit den Vollkornhaferflocken vermengen, die Honigbananen darauf verteilen und mit Mandeln garnieren.

Mandeln gehackt

Frühstücksauflauf
Erdbeer-Rhabarber

Für 2 Portionen:

50 g Mandeln
100 g Vollkornhaferflocken
1 TL Backpulver (optional)
1 EL Kokosblüten- oder Rohrohrzucker
1 Prise Salz
200 ml Hafermilch
200 g Rhabarber
150 g Erdbeeren

1 Den Backofen auf 180 °C Ober- und Unterhitze vorheizen.

2 Die Mandeln grob hacken und mit den Haferflocken, dem Backpulver, dem Kokosblütenzucker, einer Prise Salz und der Hafermilch in einer Schüssel vermengen.

3 Rhabarber waschen, trocknen, schälen und in 1 cm dicke Stücke schneiden. Erdbeeren waschen, trocknen, den Strunk entfernen und in dünne Scheiben schneiden. Zu den restlichen Zutaten geben. Alles verrühren und in zwei kleine Auflaufformen füllen.

4 Im vorgeheizten Ofen 30 Minuten backen.

Quinoa-Birnen-Auflauf

1 Die Maisstärke mit 4 EL der Sojamilch verrühren und beiseitestellen.

2 Nun 150 ml Wasser in einen Topf geben und die Quinoa darin gar kochen. In einem zweiten Topf die Sojamilch erhitzen. Vanille, Salz und Zimt hinzugeben. Aufkochen lassen, dann von der Herdplatte nehmen und die Stärkelösung mit einem Schneebesen einrühren. Noch einmal aufkochen lassen.

3 Die gekochte Quinoa abtropfen lassen und unter die Stärkelösung rühren.

4 Den Backofen auf 180 °C Ober- und Unterhitze vorheizen.

5 Die Birne waschen, abtrocknen, vierteln und das Kerngehäuse entfernen. Eine Hälfte in feine Würfel schneiden und unter die Quinoa-Mischung heben. Die Masse in eine eingefettete Form geben.

6 Die zweite Birnenhälfte in dünne Scheiben schneiden und diese nebeneinander auf den Auflauf legen.

7 Den Auflauf nun 20 Minuten im vorgeheizten Backofen backen.

Für 2 Portionen:

3 EL Maisstärke
250 ml Sojamilch
60 g Quinoa (weiß)
1 Msp. Vanille, gemahlen
1 Prise Salz
1 Prise Zimt
1 große, reife Birne
Sonnenblumenöl für die Form

Apfel-Mohn-Muffins

Für 12 Stück:

225 g Dinkelvollkornmehl

1 Prise Salz

1 EL Backpulver

50 g Kokosblüten- oder Rohrohrzucker

2 Äpfel

½ Zitrone

60 g Mohn

270 ml Mandelmilch (siehe Seite 133)

2 Eier

50 g Butter

Butter zum Einfetten

Mehl für die Muffinform

1 Den Backofen auf 175 °C Ober- und Unterhitze vorheizen.

2 Das Dinkelvollkornmehl in einer Schüssel mit dem Salz, Backpulver und Kokosblütenzucker vermengen.

3 Die Äpfel waschen und trocknen. Einen der Äpfel vierteln, entkernen und raspeln. Die Zitrone auspressen und über den geraspelten Apfel träufeln. Den zweiten Apfel längs in dünne Scheiben schneiden, das Kerngehäuse entfernen und zur Seite stellen.

4 Den Mohn quetschen oder mixen. Dann 120 ml Mandelmilch in einem Topf aufkochen und den Mohn dazugeben. Vom Herd nehmen und 5 Minuten quellen lassen.

5 In einer zweiten Schüssel die Eier schlagen. Die Butter zerlassen und hinzugeben, die restliche Mandelmilch ebenfalls unterrühren. Die flüssigen Zutaten unter die trockenen Zutaten rühren. Den geriebenen Apfel und den Mohn ebenfalls unterheben.

6 Die Mulden einer Muffinform einfetten und mehlen oder mit Papierförmchen auslegen. Den Teig in eine Muffinform geben, die dünnen Apfelscheiben auf dem Teig verteilen. 30 Minuten im vorgeheizten Ofen backen, dann die Stäbchenprobe machen und die Muffins abkühlen lassen.

Overnight Oats Apfel-Marzipan

Für 2 Portionen:

1 Apfel

50 g Mandeln

80 g Vollkornhaferflocken

240 ml Mandelmilch (siehe Seite 133)

1 Msp. Vanille, gemahlen

1 Den Apfel waschen, abtrocknen, vierteln und entkernen. Das Fruchtfleisch reiben. Die Mandeln grob hacken.

2 Alles mit den Vollkornhaferflocken, der Mandelmilch und Vanille in eine Schüssel geben und verrühren. Über Nacht abgedeckt in den Kühlschrank stellen.

3 Am nächsten Morgen servieren.

Orangen-Hirse-Frühstück

Für 2 Portionen:

160 ml Sojamilch

80 g Hirse

2 Orangen

1 Msp. Vanille, gemahlen

4 EL süße Sahne

50 g Mandeln, gemahlen

½ TL Zimt

1 Die Sojamilch in einem Topf zum Kochen bringen und die Hirse darin etwa 15 Minuten garen. Zwischendurch umrühren.

2 Eine Orange auspressen, die zweite Orange schälen und in Stücke schneiden.

3 Die gekochte Hirse mit dem Orangensaft und der Vanille verrühren. Die Sahne, die Mandeln und die Orangenstücke unterheben und mit Zimt bestreuen.

Beeren-Haselnuss-Porridge

Für 2 Portionen:

300 ml Hafermilch

80 g Vollkornhaferflocken

1 kleiner Apfel

30 g Haselnusskerne

40 g Rosinen

60 g Blaubeeren

60 g Himbeeren

1 Prise Zimt

1 Die Hafermilch aufkochen und die Hafer-flocken 3 Minuten darin köcheln lassen.

2 Den Apfel waschen, abtrocknen, vierteln, das Kerngehäuse entfernen und das Frucht-fleisch raspeln. Die Haselnüsse fein hacken.

3 Apfel, Haselnüsse und Rosinen unter die Haferflocken heben. Die Blaubeeren und Himbeeren waschen, trocken tupfen und auf dem Porridge anrichten. Das Porridge mit Zimt bestreut servieren.

Carrot-Cake-Porridge

Für 2 Portionen:

1 Möhre

240 ml Mandelmilch (siehe Seite 133)

½ TL Zimt

1 Msp. Vanille, gemahlen

80 g Vollkornhaferflocken

2 EL Walnusskerne

2 EL Rosinen

1 EL Kokosnussraspeln

1 Die Möhre putzen, schälen, die Enden ab-schneiden und die Möhre raspeln.

2 Die Mandelmilch in einem Topf mit dem Zimt und der Vanille aufkochen. Dann die Haferflocken und die Möhrenraspeln dazu-geben und 2–3 Minuten köcheln lassen. Zwi-schendurch umrühren.

3 Die Walnusskerne grob hacken und mit den Rosinen und den Kokosnussraspeln unter den Porridge heben.

Dinkel-Kräuter-Brötchen

Für 8 große oder 16 kleine Brötchen:

500 g Dinkelvollkornmehl
1 Würfel frische Hefe
50 g Butter
½ TL Salz
2 Stängel Bärlauch
2 Stängel Dill
½ Bund Petersilie
½ Bund Schnittlauch

1 Den Backofen auf 200 °C Ober- und Unterhitze vorheizen.

2 Das Mehl in eine Schüssel sieben. Die Hefe zerbröckeln und in 350 ml lauwarmem Wasser auflösen. Die Hefelösung zum Mehl geben. Butter und Salz ebenfalls hinzugeben und alles mit den Händen zu einem Teig verarbeiten. Den Teig zu einer Kugel formen und zugedeckt 30 Minuten an einem warmen Ort gehen lassen.

3 Inzwischen die Kräuter waschen, trocken tupfen und fein hacken.

4 Dann den Teig auf einer bemehlten Arbeitsfläche durchkneten und die Kräuter einarbeiten. Den Teig zu einer Rolle formen und in 8 große oder 16 kleine Teile schneiden. Daraus Brötchen formen und diese auf ein mit Backpapier ausgelegtes Blech legen. Die Brötchen weitere 15 Minuten gehen lassen.

5 Ein Schälchen mit Wasser in den Ofen stellen und die Brötchen 20 Minuten backen.

Zucchini-Feta-Muffins

Für 12 Stück:

1 Zucchino (ca. 250 g)
125 g Fetakäse
½ Bund Petersilie
250 g Dinkelvollkornmehl
1 EL Backpulver
1 Prise Salz
80 g Butter
2 Eier
125 ml Milch
Butter und Mehl für die Muffinform

1 Den Backofen auf 200 °C Ober- und Unterhitze vorheizen.

2 Zucchino waschen und trocknen, Enden abtrennen und das Fruchtfleisch raspeln. Den Fetakäse mit einer Gabel zerdrücken. Petersilie waschen, trocken tupfen und fein hacken.

3 Das Dinkelvollkornmehl mit Backpulver und Salz in einer Schüssel vermengen. Butter mit Eiern und Milch verrühren und mit dem Mehl vermengen. Anschließend Zucchini, Fetakäse und Petersilie unterheben.

4 Die Mulden einer Muffinform einfetten und mehlen oder mit Papierförmchen auslegen. Den Teig in eine Muffinform geben und die Zucchini-Feta-Muffins 20–25 Minuten im vorgeheizten Ofen backen.

Buchweizen-Wraps
mit Nussmus und Zimt

Für 4 Wraps:

125 g Buchweizenmehl
1 Ei
175 ml Milch
1 Prise Salz
25 g Butter
8 EL Nussmus (siehe Seite 133)
½ TL Zimt

1 Das Buchweizenmehl mit Ei, Milch und Salz zu einem Teig verrühren.

2 Die Butter schmelzen und mit 175 ml Wasser unter den Teig rühren.

3 Eine beschichtete Pfanne erhitzen. Pro Wrap eine Kelle Teig einfüllen und den Wrap wenden, sobald der Teig Bläschen wirft.

4 Wrap mit je 2 EL Nussmus bestreichen, mit etwas Zimt bestreuen und dann einrollen.

Mango-Banane-Bowl

Für 2 Portionen:

1 Mango

2 reife Bananen

200 ml Mandelmilch (siehe Seite 133)

1 Msp. Vanille, gemahlen

1 TL Macapulver

80 g Vollkornhaferflocken

2 EL Rosinen

2 EL Gojibeeren

2 EL Kokosnussraspeln

2 EL Walnusskerne

1 Mango und beide Bananen schälen. Das Fruchtfleisch der Mango vom Kern abschneiden und würfeln. Die Banane in Scheiben schneiden. Beides mit der Mandelmilch, Vanille, Macapulver und den Vollkornhaferflocken mixen oder pürieren.

2 Das Mango-Banane-Mus auf zwei Schalen verteilen und mit den Rosinen, den Gojibeeren, den Kokosnussraspeln und den Walnusskernen anrichten.

Rührei mit Hirse

Für 2 Portionen:

50 g Hirse

2 Eier

60 ml Milch

60 ml süße Sahne

125 g Tomaten

½ Bund Schnittlauch

Salz

Pfeffer

1 EL Butter zum Braten

1 In einem Topf 125 ml Wasser zum Kochen bringen und die Hirse 10 Minuten auf mittlerer Stufe darin garen. Gelegentlich umrühren.

2 Die Eier mit der Milch und der Sahne verquirlen. Die Tomaten waschen, den Strunk entfernen, das Fruchtfleisch würfeln und die Tomatenwürfel unter die Eiermasse rühren. Den Schnittlauch waschen, trocken tupfen, in Ringe schneiden und ebenfalls dazugeben. Mit Salz und Pfeffer würzen.

3 Die Hirse abgießen und anschließend unter die Eimasse heben.

4 Butter in einer Pfanne zerlassen und die Hirse-Ei-Masse darin anbraten.

Chia-Pudding mit Mangosauce

Für 2 Portionen:

50 g Chiasamen

400 ml Kokosnussmilch oder Kokosnusswasser

1 Msp. Vanille, gemahlene

1 Prise Salz

1 Mango

1 Kiwi

¼ Ananas

4 Erdbeeren

20 g Pistazienkerne

1 Die Chiasamen mit der Kokosnussmilch verrühren. Vanille und Salz unter den Chia-Pudding heben. Anschließend auf zwei Schalen oder Gläser verteilen und über Nacht oder mindestens 30 Minuten in den Kühlschrank stellen und quellen lassen.

2 Die Mango für die Sauce schälen, das Fruchtfleisch vom Kern abschneiden, würfeln und dann mixen oder pürieren.

3 Die Kiwi schälen und in Stücke schneiden. Die Ananas ebenfalls schälen und das Fruchtfleisch würfeln. Die Erdbeeren waschen, den Strunk entfernen und die Beeren würfeln.

4 Die Mangosauce über die beiden gekühlten Chia-Puddings gießen und mit den gewürfelten Früchten garnieren.

5 Die Pistazienkerne grob hacken und über die Früchte geben.

Tipp

Dazu schmeckt ein Matcha-Latte. Für zwei Portionen 1 TL Matchapulver mit 100 ml Wasser (etwa 70 °C) übergießen. Mit einem Matchabesen (Chasen) oder einem kleinen Schneebesen verrühren. 400 ml Sojamilch erhitzen und mit einem Milchaufschäumer aufschäumen. Die aufgeschäumte Sojamilch auf zwei Gläser verteilen und den Matcha darübergießen. Fertig!

Buntes Antipasti-Brot

Für eine Kastenform (28 cm):

Für das Brot:

1 Würfel frische Hefe

1 TL Apfeldicksaft

350 g Dinkelvollkornmehl

150 g Roggenschrot

½ TL Salz

2 EL Apfelessig

150 g Sonnenblumenkerne

Butter oder Olivenöl für die Form

Für den Belag:

1 kleine Möhre (ca. 100 g)

1 kleiner Zucchino (ca. 150 g)

½ rote Paprikaschote

½ gelbe Paprikaschote

2 EL Olivenöl

Salz, Pfeffer

4 Zweige Thymian

40 g schwarze Oliven, entsteint

100 g Fetakäse

1 Für den Vorteig die Hefe zerbröseln und in 100 ml lauwarmem Wasser und Apfeldicksaft auflösen. Dinkelvollkornmehl, Roggenschrot und Salz in einer Schüssel vermengen. In die Mitte eine Mulde drücken und die Hefemischung in die Mulde geben. Etwas Mehl vom Rand darübergeben und 15 Minuten abgedeckt ruhen lassen.

2 Anschließend 400 ml Wasser und den Apfelessig zum Teig geben. Mit dem Knethaken des Handrührgeräts zu einem glatten Teig verarbeiten und 100 g der Sonnenblumenkerne unterheben.

3 Die Kastenform einfetten und mit 25 g der Sonnenblumenkerne ausstreuen. Den Teig hineingeben und die restlichen 25 g Sonnenblumenkerne über den Teig streuen. Das Brot weitere 30 Minuten abgedeckt ruhen lassen.

4 Den Backofen auf 200 °C Ober- und Unterhitze vorheizen. Ein feuerfestes Schälchen mit Wasser in den vorgeheizten Ofen stellen und das Brot 30 Minuten backen.

5 Mit der Stäbchenprobe überprüfen, ob der Teig gar ist. Danach abkühlen lassen und das Brot aus der Kastenform stürzen.

6 Für den Belag Möhre und Zucchino waschen, trocknen, die Enden entfernen und in kleine Würfel schneiden. Die Paprikaschoten waschen, trocknen, halbieren, Samen und Scheidewände entfernen und die Paprikahälften ebenfalls in kleine Würfel schneiden.

7 Olivenöl in einer Pfanne erhitzen und das Gemüse darin 2–3 Minuten anbraten, zwischendurch wenden. Mit Salz, Pfeffer und Thymian würzen.

8 Die Oliven in Scheiben schneiden, den Fetakäse zerbröseln.

9 Das Gemüse auf 4 Brotscheiben geben, Fetakäse und Oliven darauf verteilen.

Mexikanischer Salat

Für 2 Portionen:

100 g Kidneybohnen, getrocknet

1 Maiskolben

½ Salatgurke

150 g Kirschtomaten

150 g Fetakäse

1 Avocado

½ rote Zwiebel

½ Bund glatte Petersilie

1 Limette

2 EL Olivenöl

1 Msp. Chilipulver

Salz

Pfeffer

1 Die Kidneybohnen über Nacht in reichlich Wasser einweichen. In ein Sieb abgießen, abspülen und mit frischem Wasser in einem Topf aufsetzen. Aufkochen lassen und zugedeckt bei wenig Hitze köcheln lassen. Nach 45–60 Minuten probieren, ob die Bohnen gar sind. Dann abgießen und beiseitestellen.

2 Ausreichend Wasser in einem zweiten Topf zum Kochen bringen. Die Blätter und Fäden des Maiskolbens entfernen und den Mais 5 Minuten kochen. Anschließend die Körner mit einem scharfen Messer abschneiden.

3 Die Gurke und die Kirschtomaten waschen und trocknen. Die Gurke in Würfel schneiden, die Kirschtomaten halbieren.

4 Den Fetakäse in Würfel schneiden. Die Avocado rundum längs einschneiden. Beide Avocadohälften gegeneinanderdrehen und so öffnen. Mit einem Löffel den Kern herausnehmen, dann das Fruchtfleisch herauslösen und ebenfalls in Würfel schneiden. Die Zwiebel schälen und in Ringe schneiden. Die Petersilie fein hacken. Käse, Avocado, Zwiebelringe und Petersilie mit Gurke, Kirschtomaten, Mais und Kidneybohnen vermengen.

5 Für die Vinaigrette die Limette halbieren und auspressen und mit dem Olivenöl vermengen. Mit Chilipulver, Salz und Pfeffer würzen und unterschlagen.

Granatapfel-Salat

Für 2 Portionen:

100 g Feldsalat

½ Salatgurke

150 g Kirschtomaten

½ Granatapfel

1 EL Zitronensaft

Salz

Pfeffer

2 EL Sonnenblumenöl

20 g Pinienkerne

1 Den Feldsalat waschen, putzen, trocken tupfen und wenn nötig Wurzeln entfernen. Die Gurke waschen und in Würfel schneiden. Die Tomaten waschen und halbieren.

2 Die Kerne aus dem Granatapfel lösen.

3 Für das Dressing die Hälfte der Granatapfelkerne mit Zitronensaft, Salz und Pfeffer verrühren, Sonnenblumenöl unterschlagen.

4 Die Pinienkerne in einer beschichteten Pfanne rösten, bis es zu duften beginnt. Über den Salat streuen und servieren.

Rote-Bete-Salat

Für 2 Portionen:

1 Rote Bete (ca. 200 g)

1 Apfel

1 rote Zwiebel

100–150 g Feldsalat

20 g Haselnusskerne

2 EL Haselnusskern- oder Olivenöl

Salz, Pfeffer

½ Beet Gartenkresse

1 Die Rote Bete in reichlich Wasser etwa 50–60 Minuten gar kochen. Dann abschrecken und mit Handschuhen schälen und in Würfel schneiden.

2 Den Apfel waschen, vierteln, entkernen und ebenfalls in Würfel schneiden. Die Zwiebel schälen und fein würfeln. Den Feldsalat waschen, putzen, trocken tupfen und gegebenenfalls die Wurzeln entfernen.

3 Haselnusskerne grob hacken und mit der Roten Bete, dem Apfel, der Zwiebel und dem Feldsalat vermengen. Das Öl unterheben. Den Salat mit Salz und Pfeffer würzen und mit der Gartenkresse garniert servieren.

Salat mit Ziegenkäse
und Sonnenblumenkernkruste

Für 2 Portionen:

100 g Ziegenkäserolle
2 EL Sonnenblumenkerne
2 TL Honig
100 g Wildsalat
150 g Tomaten
2 EL Leinöl oder Olivenöl
Salz
Pfeffer

1 Den Backofen auf 175 °C Ober- und Unterhitze vorheizen.

2 Die Ziegenkäserolle in zwei Scheiben schneiden, die Sonnenblumenkerne grob hacken und auf den Ziegenkäsetalern verteilen. Mit Honig beträufeln und etwa 10 Minuten im vorgeheizten Ofen backen.

3 Den Salat waschen, putzen, trocken schleudern und in mundgerechte Stücke zupfen. Tomaten waschen, trocknen, Stiel entfernen und das Fruchtfleisch in Würfel schneiden.

4 Für das Dressing das Lein- oder Olivenöl mit Salz und Pfeffer verrühren.

5 Die Ziegenkäsetaler auf dem Salat anrichten und servieren.

Sobanudelsalat

Für 2 Portionen:

100 g Sobanudeln (japanische Buchweizennudeln)
1 Möhre
6 Frühlingszwiebeln
100 g Edamame
4 Stängel glatte Petersilie oder Koriander
2 EL Sesamöl, Sojaöl oder Erdnussöl
2 EL Sojasauce (ohne Zucker)
2 EL Sesam
4 EL Mungobohnensprossen
Salz, Pfeffer

1 Nudeln 5 Minuten kochen. Danach Wasser abgießen und Nudeln abschrecken.

2 Möhre putzen, schälen, fein würfeln. Frühlingszwiebeln waschen, Enden entfernen, Rest in Ringe schneiden und mit Edamame zu den Nudeln geben. Petersilie oder Koriander waschen, trocken tupfen und fein hacken.

3 Das Öl und die Sojasauce verrühren und über den Nudelsalat geben. Mit Sesam und Mungobohnensprossen garnieren und mit Salz und Pfeffer würzen.

Linsensalat mit Mango

Für 2 Portionen:

100 g Belugalinsen

500 ml Gemüsebrühe (siehe Seite 131)

½ Möhre

1 rote Zwiebel

4 Datteln, getrocknet und entsteint

3 EL Olivenöl

½ Mango

1 Avocado

1 Bund glatte Petersilie

2 EL Leinöl oder Olivenöl

1 Zitrone

Salz

Pfeffer

1 Die Belugalinsen in der Gemüsebrühe 30 Minuten bissfest kochen.

2 Die Möhre putzen, waschen, schälen und würfeln. Die Zwiebel schälen und fein würfeln. Datteln ebenfalls in Würfel schneiden.

3 In einer Pfanne 2 EL Olivenöl erhitzen und Möhre, Zwiebel und Datteln einige Minuten darin anbraten, zwischendurch umrühren.

4 Die Mango schälen, das Fruchtfleisch vom Kern abschneiden und würfeln. Die Avocado rundum längs einschneiden. Beide Avocadohälften gegeneinanderdrehen und so öffnen. Mit einem Löffel den Kern herausnehmen, dann das Fruchtfleisch herauslösen und ebenfalls in Würfel schneiden.

5 Das Wasser der gekochten Linsen abtropfen lassen und die Linsen mit Möhre, Zwiebel, Datteln, Mango und Avocado vermengen. Danach Petersilie waschen, trocken tupfen, fein hacken und zum Salat geben.

6 Für die Vinaigrette 1 EL Olivenöl mit dem Leinöl vermengen. Die Zitrone halbieren und auspressen. Den Zitronensaft, Salz und Pfeffer zu dem Öl geben und verrühren.

Spinatsalat
mit Currybananen und Pistazien

Für 2 Portionen:

150 g Blattspinat

2 Bananen

2 EL Curry

2 EL Sonnenblumenöl

2 EL Pistazienkern- oder Sonnenblumenöl

20 g Pistazienkerne

1 Den Blattspinat waschen, verlesen und trocknen. Die Bananen schälen und in etwa 3 cm dicke Scheiben schneiden. Die Bananenstücke rundum mit Curry bestäuben.

2 In einer Pfanne 2 EL Sonnenblumenöl erhitzen. Currybananen von beiden Seiten 1–2 Minuten anbraten. Salat auf zwei Tellern verteilen, die gebratenen Bananen darauf geben und mit den Pistazienkernen garnieren. Das Pistazienkernöl darüber geben.

Caesar's Salad

Für 2 Portionen:

1 Romanasalat

1 Knoblauchzehe

150 griechischer Joghurt

1 EL mittelscharfer Senf

1 TL Parmesan, gerieben

1 TL Zitronensaft

1 TL Honig

Salz

Pfeffer

50 g Parmesan am Stück

2 EL Walnusskerne

1 Den Romanasalat waschen, putzen, trocken tupfen, die Enden entfernen und den Rest in mundgerechte Stücke schneiden.

2 Für das Dressing die Knoblauchzehe schälen und auspressen. Mit dem griechischen Joghurt, Senf, geriebenem Parmesan, Zitronensaft, Honig, Salz und Pfeffer vermengen. Das Dressing unter den Salat heben.

3 Parmesan in dünne Streifen hobeln und mit den Walnusskernen über den Salat geben.

Statt der Walnusskerne können auch in Olivenöl gebratene Vollkornbrotwürfel zugegeben werden. Dazu passen außerdem gebratene Hähnchenstreifen.

Kamutsalat mit Feta

1 Kamut 30–35 Minuten in reichlich Wasser gar kochen. Zwischendurch umrühren.

2 Zwiebel schälen und fein hacken. Kirschtomaten waschen, trocknen und vierteln.

3 Die Avocado rundum längs einschneiden. Beide Avocadohälften gegeneinanderdrehen und so öffnen. Mit einem Löffel den Kern herausnehmen, dann das Fruchtfleisch herauslösen. Avocado und Fetakäse in mundgerechte Würfel schneiden.

4 Basilikum und Petersilie waschen, trocken tupfen und fein hacken.

5 Die Pinienkerne ohne Zugabe von Öl in einer beschichteten Pfanne anrösten.

6 Für die Vinaigrette den Zitronensaft, das Lein- oder Olivenöl, Salz und Pfeffer verrühren und über den Salat geben.

Tipp

Wenn Sie den Salat vegan zubereiten möchten, lassen Sie den Fetakäse weg und nehmen stattdessen eine ganze statt einer halben Avocado. Guten Appetit!

Für 2 Portionen:

125 g Kamut
1 rote Zwiebel
150 g Kirschtomaten
½ Avocado
150 g Fetakäse
4 Stängel Basilikum
4–6 Stängel glatte Petersilie
2 EL Pinienkerne
2 EL Zitronensaft
1 EL Leinöl oder Olivenöl
Salz, Pfeffer

Spinatsuppe mit Ei

Für 2 Portionen:

200 g Kartoffeln

1 kleine Zwiebel

300 g Blattspinat

2 EL Olivenöl

750 ml Gemüsebrühe (siehe Seite 131)

2 Eier

Salz, Pfeffer

1 TL Muskat

1 Die Kartoffeln und die Zwiebel schälen und würfeln. Den Spinat waschen und verlesen.

2 Das Öl in einem großen Topf erhitzen und Zwiebeln und Kartoffeln kurz darin anbraten. Mit Gemüsebrühe ablöschen und 20 Minuten köcheln lassen. Zwischendurch umrühren.

3 Den Blattspinat hinzugeben und weitere 5 Minuten mitköcheln lassen.

4 Die Eier hart kochen, dann schälen und in Würfel schneiden.

5 Die Suppe pürieren, mit Salz, Pfeffer und Muskat abschmecken, die Eier unterheben.

Möhren-Ingwer-Suppe
mit Chiasamen

Für 2 Portionen:

1 Schalotte

2 cm Ingwer

400 g Möhren

2 EL Olivenöl

750 ml Gemüsebrühe (siehe Seite 131)

1 TL Currypulver

Salz

Pfeffer

2 EL Chiasamen

½ Bund glatte Petersilie

1 Schalotte und Ingwer schälen und fein hacken. Möhren waschen, die Enden entfernen und die Mittelteile in Stücke schneiden.

2 Das Olivenöl in einem Topf erhitzen und Schalotte und Ingwer darin 1 Minute glasig dünsten. Die Möhren hinzugeben und weitere 2–3 Minuten anbraten. Mit Gemüsebrühe ablöschen und 15 Minuten köcheln lassen. Zwischendurch umrühren.

3 Mit Currypulver, Salz und Pfeffer würzen und die Chiasamen hinzugeben. Alles pürieren. Die Petersilie waschen, trocken tupfen und fein hacken, auf der Suppe anrichten.

Pastinaken-Kartoffel-Suppe
mit Sprossen

Für 2 Portionen:

400 g Kartoffeln

250 g Pastinaken

2 EL Olivenöl

750 ml Gemüsebrühe (siehe Seite 131)

½ TL Curry

Salz

Pfeffer

2 EL Sprossen
(etwa Mungobohnen oder Alfalfa)

1 Die Kartoffeln und die Pastinaken schälen und würfeln.

2 Olivenöl in einem Topf erhitzen und die Kartoffeln und Pastinaken kurz darin anbraten. Mit der Gemüsebrühe ablöschen und etwa 20 Minuten köcheln lassen. Zwischendurch umrühren.

3 Die Suppe pürieren und mit Curry, Salz und Pfeffer würzen. Mit Sprossen garnieren.

Cremige Pfifferlingsuppe

Für 2 Portionen:

1 kleine Zwiebel

1 Kartoffel (ca. 100 g)

150 g Pfifferlinge

1 EL Olivenöl

700 ml Gemüsebrühe (siehe Seite 131)

50 ml süße Sahne

2 Zweige Thymian

Salz

Pfeffer

1 Die Zwiebel schälen und fein hacken. Die Kartoffel schälen und in Stücke schneiden. Die Pfifferlinge putzen. Das Olivenöl in einem Topf erhitzen und Zwiebel, Kartoffel und Pfifferlinge 2–3 Minuten anschwitzen. Zwischendurch umrühren, dann mit der Gemüsebrühe ablöschen und das Ganze 15 Minuten köcheln lassen.

2 Die süße Sahne unterrühren und die Suppe pürieren. Die Thymianblätter abzupfen und zur Suppe geben. Vor dem Servieren mit Salz und Pfeffer würzen.

Quinoa-Gemüse-Suppe

Für 2 Portionen:

2 Möhren

100 g Knollensellerie

100 g Bohnen

150 g Blumenkohl

150 g Brokkoli

1 EL Olivenöl

80 g Quinoa (weiß)

750 ml Gemüsebrühe (siehe Seite 131)

4 Stängel Petersilie

2 Zweige Thymian

Salz

Pfeffer

1 Möhren und Knollensellerie putzen, waschen, schälen und in Würfel schneiden. Die Bohnen waschen, trocknen, die Enden entfernen und die Bohnen in Stücke schneiden. Blumenkohl und Brokkoli waschen, trocknen und die Röschen abschneiden.

2 Olivenöl in einem Topf erhitzen und das Gemüse mit der Quinoa 2–3 Minuten anbraten. Mit der Gemüsebrühe ablöschen, aufkochen und 15 Minuten köcheln lassen. Zwischendurch umrühren.

3 Petersilie und Thymian waschen, trocken tupfen und fein hacken. Zur Suppe geben und mit Salz und Pfeffer würzen.

Kressesuppe

Für 2 Portionen:

1 Zwiebel

300 g Kartoffeln, mehlig kochend

1 Stange Lauch

2 EL Olivenöl

750 ml Gemüsebrühe (siehe Seite 131)

2 Beete Gartenkresse

Salz, Pfeffer

½ TL Muskat

1 Zwiebel schälen und fein würfeln. Kartoffeln waschen, schälen und in Würfel schneiden. Lauch waschen und in Ringe schneiden.

2 Olivenöl in einem Topf erhitzen und Zwiebeln, Kartoffeln und Lauch 2–7 Minuten anbraten. Mit Gemüsebrühe ablöschen und 15 Minuten köcheln lassen und dabei gelegentlich umrühren.

3 Kresse waschen und trocken tupfen. Etwas Kresse zur Seite legen, die restliche Kresse fein hacken und unterrühren. Alles pürieren. Mit Salz, Pfeffer und Muskat abschmecken und mit der restlichen Kresse garnieren.

Dazu passen Krabben oder Lachs.

Paprika-Tomaten-Suppe

Für 2 Portionen:

1 kleine Zwiebel

1 Knoblauchzehe

2 rote Paprikaschoten

2 EL Olivenöl

400 g Tomatensauce (siehe Seite 132)

100 g Naturreis (parboiled)

1 Msp. Chilipulver

½ TL Paprikapulver, edelsüß

Salz

Pfeffer

4 Zweige Thymian

4 Stängel Petersilie

1 Zwiebel und Knoblauch schälen und fein hacken. Die Paprikaschoten waschen, trocknen, entkernen und in Stücke schneiden.

2 Olivenöl in einem Topf erhitzen und Zwiebel und Knoblauch 1 Minute anbraten. Paprika zugeben und 2–3 Minuten mitbraten. Dann mit der Tomatensauce und 350 ml Wasser 10 Minuten unter Rühren köcheln lassen.

3 Die Suppe grob pürieren und den Reis hinzugeben. Weitere 20 Minuten köcheln lassen.

4 Mit Chili-, Paprikapulver, Salz und Pfeffer würzen. Thymian und Petersilie waschen, trocken tupfen, fein hacken und hinzugeben.

Blumenkohl-Reis
mit Pilzen und Zaziki

Für 2 Portionen:

½ Blumenkohl

250 g Champignons

1 Bund frischer Thymian

4 EL Olivenöl

Salz

Pfeffer

Für das Zaziki:

½ Salatgurke

2 Knoblauchzehen

½ Zitrone

1 EL Olivenöl

200 g Joghurt

Salz, Pfeffer

1 Den Blumenkohl waschen, Blätter und Strunk entfernen. Mit einem Messer die Röschen abtrennen und im Mixer oder mit einer Küchenmaschine auf Reiskorngröße zerkleinern. Alternativ mit einem Messer sehr fein schneiden oder raspeln.

2 Pilze waschen, putzen, trocken tupfen und in Streifen schneiden. Thymian waschen, trocken tupfen und die Blättchen abzupfen.

3 In einer Pfanne 2 EL Öl erhitzen und den Blumenkohl bei mittlerer Hitze einige Minuten garen, zwischendurch umrühren. Mit Thymian, Salz und Pfeffer würzen.

4 In einer zweiten Pfanne 2 EL Öl erhitzen, die Champignons darin anbraten. Ebenfalls mit Thymian, Salz und Pfeffer würzen.

5 Für das Zaziki die Gurke waschen, trocknen und in feine Würfel schneiden. Den Knoblauch schälen und durch eine Knoblauchpresse drücken. Die Zitrone auspressen. Die Gurke mit dem Knoblauch, Zitronensaft und 1 EL Olivenöl unter den Joghurt heben. Mit Salz und Pfeffer würzen.

Dazu passt ein Spinatsalat: Dazu einfach frischen Blattspinat mit Olivenöl, Salz und Pfeffer vermengen.

Tipp

Grünkohl-Curry

1 Die Kichererbsen über Nacht in reichlich Wasser einweichen. In ein Sieb abgießen, abspülen und mit frischem Wasser in einem Topf aufsetzen. Aufkochen lassen und zu-gedeckt bei wenig Hitze köcheln lassen. Nach 45–60 Minuten Garzeit probieren, ob die Kichererbsen gar sind.

2 Den Grünkohl waschen, die harten Blattrippen entfernen und den so vorbereiteten Grünkohl grob hacken.

3 Schalotte, Ingwer und Knoblauch schälen. Schalotte und Ingwer fein hacken, Knoblauch durch eine Knoblauchpresse drücken und die Datteln grob würfeln.

4 Kokosnussöl in einer Pfanne erhitzen und die Schalotte, den Ingwer, den Knoblauch und die Datteln darin anbraten. Mit der Kokosnussmilch ablöschen. Den Grünkohl und die Kichererbsen hinzugeben und 10 Minuten köcheln lassen. Mit Salz, Pfeffer und Curry würzen, auf zwei Tellern anrichten und mit den Cashewkernen garnieren.

Für 2 Portionen:

120 g getrocknete Kichererbsen

300 g Grünkohl

1 Schalotte

2 cm Ingwer

1 Knoblauchzehe

100 g getrocknete Datteln (entsteint gewogen)

1 EL Kokosnussöl

400 ml Kokosnussmilch

Salz

Pfeffer

1 TL Curry

30 g Cashewkerne

Dieses Gericht eignet sich auch sehr gut als Beilage zu gebratenem Hähnchen- oder Putenfleisch.

Buddha Bowl

Für 2 Portionen:

500 ml Gemüsebrühe

100 g Quinoa (weiß)

150 g Champignons

1 rote Zwiebel

2 EL Olivenöl

1 Brokkoli

150 g Kirschtomaten

1 Avocado

Für das Tahini-Dressing:

50 g Sesampaste (Tahini)

1 TL Agavendicksaft

½ Zitrone

1 Gemüsebrühe in einem Topf zum Kochen bringen und die Quinoa etwa 10 Minuten garen. Zwischendurch umrühren. Anschließend abgießen und beiseitestellen.

2 Den Backofen auf 175 °C Ober- und Unterhitze vorheizen.

3 Champignons waschen, putzen und halbieren. Zwiebel schälen und in Spalten schneiden. Champignons und Zwiebelspalten auf ein mit Backpapier ausgelegtes Backblech legen und mit Olivenöl bestreichen. 15 Minuten im vorgeheizten Ofen backen, nach der Hälfte der Zeit einmal wenden.

4 Brokkoli waschen, in Röschen schneiden und in ausreichend Wasser 5 Minuten kochen oder dampfgaren. Kirschtomaten waschen, trocknen und halbieren. Avocado rundum längs einschneiden. Beide Avocadohälften gegeneinanderdrehen und dadurch öffnen. Mit einem Löffel den Kern herausnehmen, anschließend das Fruchtfleisch herauslösen und in Streifen schneiden.

5 Für das Dressing die Sesampaste mit dem Agavendicksaft und dem Zitronensaft verrühren. Alles in einer Schüssel anrichten.

Süßkartoffel-Kürbis-Curry
mit Avocadodip

1 Kürbis waschen, entkernen und in Stücke schneiden. Süßkartoffeln schälen und in Würfel schneiden. Zwiebel schälen und fein würfeln. Aprikosen in Stücke schneiden.

2 Olivenöl in einer Pfanne erhitzen. Zwiebeln, Kürbis und Süßkartoffeln anbraten, Curry darüberstreuen und mit Gemüsebrühe ablöschen. Aufkochen lassen und 10 Minuten garen, zwischendurch umrühren.

3 Für den Dip das Basilikum waschen und trocken tupfen. Avocado rundum längs einschneiden. Beide Avocadohälften gegeneinanderdrehen und so öffnen. Mit einem Löffel den Kern herausnehmen, dann das Fruchtfleisch herauslösen und in Würfel schneiden. Zitronensaft, Joghurt, Salz und Pfeffer mit dem Basilikum und der Avocado vermengen und alles pürieren.

4 Das Curry mit Salz, Pfeffer und Kümmel würzen und mit dem Avocadodip servieren.

Für 2 Portionen:

½ Hokkaidokürbis (ca. 400 g)

200 g Süßkartoffeln

1 rote Zwiebel

50 g Aprikosen, getrocknet

1 EL Olivenöl

1 TL Curry

400 ml Gemüsebrühe (siehe Seite 131)

Salz, Pfeffer

1 EL Kümmel

Für den Avocadodip:

4 Stängel Basilikum

½ Avocado

1 EL Zitronensaft

150 g Joghurt

Salz

Pfeffer

Spinat-Tomaten-Quiche

Für 1 Springform (Ø 26 cm):

Für den Teig:

200 g Dinkelvollkornmehl

100 g Butter

1 Prise Salz

Für den Belag:

1 Zwiebel

1 Knoblauchzehe

400 g Blattspinat

1 EL Olivenöl

½ TL Muskat

200 g Kirschtomaten

2 EL Pinienkerne

4 Eier

100 g süße Sahne

100 g Frischkäse

Salz

Pfeffer

Butter oder Olivenöll für die Form

1 Für den Teig das Dinkelvollkornmehl mit Butter, Salz und 80 ml Wasser verkneten. Den Teig abgedeckt 30 Minuten im Kühlschrank ruhen lassen.

2 Inzwischen die Zwiebel und den Knoblauch schälen. Die Zwiebel fein hacken, den Knoblauch durch eine Knoblauchpresse drücken. Den Blattspinat waschen, trocken tupfen und grob hacken. Das Olivenöl in einem Topf erhitzen und die Zwiebel und den Knoblauch darin glasig dünsten. Den Spinat hinzugeben, zusammenfallen lassen und mit Muskat würzen.

3 Kirschtomaten waschen, trocknen, halbieren und zum Spinat geben. Die Pinienkerne ohne Zugabe von Öl in einer beschichteten Pfanne goldgelb rösten.

4 Den Backofen auf 200 °C Ober- und Unterhitze vorheizen.

5 Die Eier mit der Sahne und dem Frischkäse verquirlen und mit Salz und Pfeffer würzen. Mit den Pinienkernen unter die Spinat-Tomaten-Masse heben und verrühren.

6 Die Springform einfetten, den Teig auslegen und an den Rändern und am Boden festdrücken. Die Spinat-Tomaten-Füllung hineingeben und die Quiche 25 Minuten im vorgeheizten Backofen backen.

Tiroler Gröstl

1 Die Kartoffeln waschen und putzen und in reichlich Wasser 15–20 Minuten gar kochen. Danach abgießen und noch warm pellen. Abkühlen lassen und in Würfel schneiden.

2 Die Radieschen waschen, putzen und die Enden entfernen, dann halbieren. Die Zwiebel schälen und in Ringe schneiden.

3 Für den Dip Crème fraîche mit dem Senf, Thymian und Oregano verrühren.

4 Olivenöl in einer Pfanne erhitzen. Zwiebelringe, Kartoffeln und Radieschen 2–7 Minuten anbraten. Mit Salz und Pfeffer würzen und auf zwei Tellern verteilen.

5 Die Walnusskerne grob hacken und mit dem Walnusskern- oder Olivenöl über die Kartoffel-Radieschen-Pfanne geben. Thymianblättchen abzupfen und darüberstreuen und das Tiroler Gröstl mit dem Dip servieren.

Tipp

Statt der Kartoffeln kann auch Blumenkohl verwendet werden.

Für 2 Portionen:

400 g Kartoffeln, festkochend
1 Bund Radieschen
1 rote Zwiebel
2 EL Olivenöl
4 EL Walnusskerne
1 EL Walnusskern- oder Olivenöl
2 Zweige Thymian
Für den Dip:
80 g Crème fraîche
1 EL mittelscharfer Senf
½ TL Thymian, getrocknet
½ TL Oregano, getrocknet

Gebackene Rote Beten
mit Hirse & Kürbiskernen

Für 2 Portionen:

4 kleine Rote Beten (ca. 400 g)

70 g Hirse

1 EL Rosmarin, getrocknet

Salz

Pfeffer

100 g Mozzarella

20 g Kürbiskerne

1 Rote Beten in reichlich Wasser 45–60 Minuten gar kochen. Hirse in 140 ml Wasser etwa 15 Minuten kochen, gelegentlich umrühren.

2 Rote Beten abgießen, mit Handschuhen schälen und mit einem Löffel aushöhlen.

3 Den Backofen auf 200 °C Ober- und Unterhitze vorheizen.

4 Hirse mit Rosmarin, Salz und Pfeffer würzen und in die Roten Beten füllen.

5 Mozzarella in Streifen schneiden und über die Roten Beten legen. Kürbiskerne grob hacken und über den Mozzarella geben. Mit Pfeffer würzen. 15 Minuten im Ofen backen.

Hirse-Pizza
mit Brokkoli & Sauce hollandaise

Für 1 Springform (Ø 26 cm):

Für den Pizzaboden:

340 ml Gemüsebrühe (siehe Seite 131)

170 g Hirse

Pfeffer

½ TL Oregano, getrocknet

Olivenöl für die Form

Für den Belag:

1 Brokkoli

20 g geriebener Käse, z. B. Gouda

Für die Sauce hollandaise:

1 EL Butter

2 EL Dinkelvollkornmehl

150 ml Gemüsebrühe (siehe Seite 131)

100 ml süße Sahne

1 EL Zitronensaft

1 TL mittelscharfer Senf

Salz

Pfeffer

½ TL Kurkuma

1 Die Gemüsebrühe in einem Topf zum Kochen bringen und die Hirse etwa 10 Minuten darin garen, zwischendurch umrühren. Mit Pfeffer und Oregano würzen und in einem Mixer oder mit einem Pürierstab zu einer homogenen Masse verarbeiten.

2 Den Backofen auf 200 °C Ober- und Unterhitze vorheizen.

3 Den Boden der Springform mit Backpapier auslegen und die Seiten mit Öl einpinseln. Den Teig in die Springform geben und mit angefeuchteten Händen in die Form drücken. Anschließend 15 Minuten im vorgeheizten Ofen vorbacken.

4 Brokkoli waschen, in Röschen schneiden und 5 Minuten kochen oder dampfgaren.

5 Für die Sauce hollandaise Butter in einem Topf schmelzen lassen. Dann das Mehl unterrühren und anschwitzen. Mit Gemüsebrühe, Sahne und Zitronensaft ablöschen. Den Senf unterrühren und einmal aufkochen lassen. Mit Salz, Pfeffer und Kurkuma abschmecken und 2–3 Minuten köcheln lassen, zwischendurch umrühren.

6 Den Teig aus dem Ofen nehmen, die Sauce hollandaise auf den Teig geben und den Brokkoli darauf verteilen. Mit Käse belegen und weitere 10 Minuten im Ofen backen.

Gefüllte
Riesenchampignons

Für 2 Portionen:

80 g Kamut

½ Bund Petersilie

1 Zwiebel

8 Riesenchampignons

Salz

Pfeffer

125 g Mozzarella

Olivenöl für die Form

1 Kamut zunächst 30–35 Minuten in reichlich Wasser garen.

2 Petersilie waschen, trocken tupfen und fein hacken. Die Zwiebel schälen und fein würfeln. Die Champignons putzen und anschließend die Stiele entfernen.

3 Den Backofen auf 180 °C Ober- und Unterhitze vorheizen.

4 Kamut abtropfen lassen und mit Zwiebeln, Petersilie, Salz und Pfeffer vermengen. Die Kamutmasse in die ausgehöhlten Champignons füllen.

5 Mozzarella in 8 dünne Scheiben schneiden und auf die Füllung legen. Die Champignons mit etwas Öl in einer Auflaufform 15 Minuten im vorgeheizten Ofen backen.

Das Innengehäuse der Champignons nicht wegwerfen! Es kann prima für die Zubereitung der Gemüsebrühe (siehe Seite 131) verwendet werden.

Tipp

Cremige Gemüse-Quinoa

1 Zwiebel und Knoblauch schälen. Die Zwiebel fein hacken, den Knoblauch durch eine Knoblauchpresse drücken. Mit etwas Öl in einem Topf glasig anbraten.

2 Anschließend Gemüsebrühe angießen, zum Kochen bringen und Quinoa etwa 10 Minuten darin garen. Zwischendurch umrühren.

3 Inzwischen die Paprikaschote und die Tomaten waschen und trocknen. Die Paprika halbieren, Samen und Scheidewände entfernen und würfeln. Die Tomaten vom Strunk befreien und in Stücke schneiden. Den Spinat waschen, verlesen und trocken schleudern.

4 Paprika, Tomaten und Spinat zur Quinoa geben und 5 Minuten mitköcheln lassen. Zwischendurch umrühren. Dann den Topf vom Herd nehmen, gegebenenfalls überschüssiges Wasser abschütten.

5 Den Frischkäse mit Oregano, Basilikum, Thymian, Salz und Pfeffer würzen und mit der Gemüse-Quinoa vermengen. Mozzarella in Stücke schneiden und unterrühren.

Für 2 Portionen:

1 kleine Zwiebel
1 Knoblauchzehe
2 EL Olivenöl
400 ml Gemüsebrühe (siehe Seite 131)
120 g Quinoa (weiß)
1 rote Paprikaschote
200 g Tomaten
200 g Blattspinat
2 EL Frischkäse
½ TL Oregano, getrocknet
½ TL Basilikum, getrocknet
½ TL Thymian, getrocknet
Salz
Pfeffer
80 g Mozzarella

Eine selbst gemachte Gemüsebrühe kann man stets gebrauchen. Ich habe immer eine vorrätig!

Bohnen-Burger

Für 4 Burger:

Für die Brötchen:	1 Knoblauchzehe
320 g Kamutvollkornmehl	1 EL mittelscharfer Senf
½ Würfel frische Hefe	1 Msp. Chilipulver
1 TL Honig	Salz, Pfeffer
½ TL Salz	Olivenöl zum Anbraten
2 EL Sonnenblumenöl	**Außerdem:**
2 EL Sesamsamen	4 EL Mayonnaise (siehe Seite 137)
Für die Burger:	4 EL Curry-Ketchup (siehe Seite 137)
80 g schwarze Bohnen	4 Salatblätter
40 g Grünkern	1 Tomate, in Scheiben
½ rote Zwiebel	½ Avocado, in Scheiben

Für die Burger:

1 Schwarze Bohnen über Nacht in reichlich Wasser einweichen.

2 Das Bohnenwasser abschütten und Bohnen in neuem Wasser 90 Minuten köcheln lassen.

3 Grünkern in reichlich Wasser zum Kochen bringen und etwa 30 Minuten köcheln lassen. Das Wasser abschütten.

4 Zwiebel schälen und in feine Würfel schneiden. Knoblauchzehe durch eine Knoblauchpresse drücken. Bohnen, Grünkern, Zwiebel, Knoblauch und Senf pürieren oder mixen. Mit Chilipulver, Salz und Pfeffer würzen. Die Masse mit den Händen zu 4 Burgern formen. Öl in einer Pfanne erhitzen und die Burger von beiden Seiten braten.

5 Die fertigen Brötchen (siehe rechte Spalte) halbieren und Hälften mit Mayonnaise und Ketchup bestreichen. Je ein Salatblatt auf jede Unterseite legen, dann einen Burger, darauf eine Tomaten- und eine Avocadoscheibe, dann die Deckel der Hamburger-Brötchen.

Für die Brötchen:

1 Für den Vorteig Kamutvollkornmehl in eine Schüssel sieben. Die Hefe mit dem Honig und 70 ml lauwarmem Wasser verrühren. In die Mitte des Mehls eine Mulde formen und die flüssige Hefe hineingeben. Etwas Mehl darübergeben und 10 Minuten bei Zimmertemperatur gehen lassen.

2 Weitere 70 ml lauwarmes Wasser mit Salz vermengen und zu dem Mehl geben. Dann 5 Minuten mit den Knethaken des Handrührgeräts kneten. Sonnenblumenöl hinzugeben und noch einmal kurz kneten und zu einer Kugel formen. Den Teig abgedeckt 2 Stunden bei Zimmertemperatur gehen lassen, bis sich das Volumen verdoppelt hat.

3 Den Backofen auf 175 °C Ober- und Unterhitze vorheizen.

4 Den Teig zu 4 Brötchen formen und kreuzförmig einschneiden. Die Brötchen von einer Seite mit Wasser bestreichen und in eine Schale mit Sesamsamen drücken. Mit der anderen Seite auf ein mit Backpapier ausgelegtes Backblech legen und abgedeckt eine weitere Stunde gehen lassen.

5 Eine feuerfeste Schale mit Wasser in den Ofen stellen und die Brötchen 25 Minuten im vorgeheizten Ofen backen.

Und nichts passt besser zu einem Burger als die cleanen Pommes von Seite 102.

Tipp

Zweierlei Pommes

Für 2 Portionen:

Für die Kartoffel-Pommes:

600 g Kartoffeln (festkochend)

4 EL Olivenöl

1 TL Paprikapulver, edelsüß

½ TL Salz

Für die Süßkartoffel-Pommes:

600 g Süßkartoffeln

4 EL Maisstärke

4 EL Olivenöl

1 TL Paprikapulver, edelsüß

½ TL Salz

Für die Kartoffel-Pommes:

1 Kartoffeln schälen und in etwa 1 cm breite Stifte schneiden. 10 Minuten kochen, danach das Wasser abschütten und die Kartoffelstifte kurz abkühlen lassen.

2 Den Backofen auf 200 °C Umluft vorheizen.

3 Die Kartoffelstifte mit dem Olivenöl, Salz und Paprikapulver in einer Schüssel vermengen. Dann auf ein mit Backpapier ausgelegtes Backblech legen und im Ofen 30 Minuten backen. Nach 15 Minuten wenden. Anschließend salzen und servieren.

Für die Süßkartoffel-Pommes:

1 Süßkartoffeln schälen und in etwa 1 cm breite Stifte schneiden. Die Süßkartoffelstifte waschen und trocken tupfen.

2 Den Backofen auf 200 °C Umluft vorheizen.

3 Die Süßkartoffelstifte zunächst mit Maisstärke vermischen, dann Olivenöl und Paprikapulver zugeben und auf ein mit Backpapier ausgelegtes Backblech legen. Im vorgeheizten Ofen 30 Minuten backen. Nach 15 Minuten wenden. Anschließend salzen und servieren.

Tipp

Auch auf Ketchup & Co. müssen Sie in der cleanen Küche nicht verzichten. Auf den Seiten 136–137 erfahren Sie, wie Sie Remoulade, Mayonnaise und Curry-Ketchup ganz einfach selbst machen können.

Hirsefalafeln
mit Tomatensalat

1 Die Hirse in der Gemüsebrühe aufkochen und 15 Minuten köcheln lassen, zwischendurch umrühren. Zwiebel und Knoblauch schälen, die Zwiebel sehr fein würfeln und den Knoblauch durch eine Knoblauchpresse drücken. Paprikaschote waschen, halbieren, Samen und Scheidewände entfernen und ebenfalls sehr fein würfeln. Den Kerbel waschen, trocken tupfen und fein hacken.

2 Die Hirse abschütten und mit Mehl, Salz, Pfeffer und Chili verkneten. Mit den Händen zu etwa tischtennisballgroßen Falafeln formen. Olivenöl in einer Pfanne erhitzen und die Hirsefalafeln darin goldgelb braten.

3 Für den Salat die Tomaten waschen, trocknen und den Strunk entfernen. Das Fruchtfleisch in Würfel schneiden. Avocado längs halbieren und den Kern entfernen. Die Avocado sowie Fetakäse ebenfalls würfeln. Mit Olivenöl, Salz und Pfeffer vermengen.

Für 2 Portionen:

Für 10 Falafeln:

125 g Hirse

250 ml Gemüsebrühe (siehe Seite 131)

1 Zwiebel

1 Knoblauchzehe

1 rote Paprikaschote

½ Bund Kerbel

2 EL Dinkelvollkornmehl

Salz

Pfeffer

1 Msp. Chilipulver

Olivenöl zum Anbraten

Für den Salat:

300 g Tomaten

1 Avocado

100 g Fetakäse

2 EL Olivenöl

Salz

Pfeffer

Überbackener
Chicorée mit Paprika

Für 2 Portionen:

4 Stauden Chicorée
1 rote Paprikaschote
½ Zitrone
1 EL Olivenöl
50 g geriebener Käse, z. B. Mozzarella
Salz, Pfeffer
1 EL Chilifäden

1 Chicorée und Paprikaschote waschen und trocknen. Den Chicorée längs halbieren. Den Deckel der Paprika abschneiden, Samen und Scheidewände entfernen. Die Paprika in Ringe schneiden. Die Zitrone auspressen.

2 Den Backofen auf 175 °C Ober- und Unterhitze vorheizen.

3 Eine Auflaufform mit Öl einpinseln und den Chicorée darin verteilen. Mit Zitronensaft beträufeln und erst den geriebenen Käse, dann die Paprika darauf verteilen. Mit Salz und Pfeffer würzen und 20 Minuten im Ofen backen. Schließlich mit Chilifäden garnieren.

Zucchini-Lasagne
mit Linsenbolognese

Für 2 Portionen:

100 g Tellerlinsen
800 ml Gemüsebrühe (siehe Seite 131)
1 rote Zwiebel
1 Knoblauchzehe
2 Möhren
300 g Knollensellerie
1 rote Paprikaschote
1 EL Olivenöl
400 g Tomatensauce (siehe Seite 132)
½ TL Currypulver
1 TL Thymian, getrocknet
1 TL Rosmarin, getrocknet
Salz
Pfeffer
1 Zucchino (ca. 200 g)
Olivenöl für die Form
50 g geriebener Käse, z. B. Mozzarella

1 Die Linsen 45 Minuten in der Gemüsebrühe köcheln lassen.

2 Zwiebel und Knoblauch schälen, die Zwiebel fein würfeln und den Knoblauch durch eine Knoblauchpresse drücken.

3 Die Möhren und den Sellerie schälen, die Enden der Möhren entfernen, die Möhren in feine Stücke schneiden. Die Paprikaschote waschen, trocknen und halbieren. Samen und Scheidewände entfernen und die Paprika in feine Stücke schneiden.

4 Das Olivenöl in einem großen Topf erhitzen. Zwiebel und Knoblauch darin glasig dünsten. Möhren, Paprika und Sellerie hinzugeben. Mit Tomatensauce ablöschen und 100 ml Wasser zugießen. 10 Minuten köcheln lassen, zwischendurch umrühren.

5 Die Linsen abschütten und unterrühren. Mit Curry, Thymian, Rosmarin, Salz und Pfeffer würzen.

6 Zucchino waschen, trocknen und die Enden abschneiden. Zucchino mit einem V-Hobel oder einem Messer in dünne Scheiben schneiden.

7 Den Backofen auf 180 °C Ober- und Unterhitze vorheizen.

8 Eine Auflaufform einfetten und die erste Schicht Zucchini hineinlegen. Die Linsenbolognese darübergeben und abwechselnd einschichten. Die letzte Schicht ist Bolognese. Mit Käse bestreuen und 15 Minuten im vorgeheizten Ofen backen.

Tipp

Im Winter schmeckt die Bolognese auch mit Kürbis und Pastinake!

Polentaschnitten
mit Ofengemüse & Tomatensauce

Für 2 Portionen:

Für das Ofengemüse:

1 Zucchino (ca. 200 g)

1 Möhre

1 gelbe Paprikaschote

1 Zwiebel

40 g schwarze Oliven, entkernt

2 EL Olivenöl

Salz, Pfeffer

Für die Polentaschnitten:

100 g Maisgrieß

1 Prise Salz

2 EL Olivenöl

Für die Tomatensauce:

1 Schalotte

1 Knoblauchzehe

300 g Tomaten

1 EL Olivenöl

50 g Mango

1 TL Rosmarin, getrocknet

1 TL Thymian, getrocknet

Salz, Pfeffer

1 Backofen auf 200 °C Ober- und Unterhitze vorheizen.

2 Für das Gemüse Zucchino, Möhre und Paprikaschote waschen. Die Enden von Zucchino und Möhre abschneiden. Die Paprika halbieren und Samen und Scheidewände entfernen. Das Gemüse in Stücke schneiden. Zwiebel schälen und in Spalten schneiden, Oliven in Ringe schneiden. Alles in eine geölte feuerfesten Form geben, mit Salz und Pfeffer würzen und 20 Minuten im Ofen backen. Das Gemüse nach 10 Minuten wenden.

3 Für die Polenta 400 ml Wasser mit einer Prise Salz zum Kochen bringen. Maisgrieß mit dem Schneebesen einrühren. Bei geringer Hitze 10 Minuten quellen lassen und gelegentlich umrühren.

4 Die Polenta auf ein mit Backpapier ausgelegtes Backblech streichen, erkalten lassen und in Rauten schneiden. Nun 2 EL Olivenöl in einer Pfanne erhitzen und die Polentaschnitten von beiden Seiten goldgelb braten.

5 Für die Tomatensauce eine Schalotte und eine Knoblauchzehe schälen. Die Schalotte fein würfeln, Knoblauch durch eine Knoblauchpresse drücken. Tomaten waschen, trocknen, den Strunk entfernen und das Fruchtfleisch in Stücke schneiden. Das Olivenöl in einem Topf erhitzen, Schalotte und Knoblauch darin anbraten. Dann die Tomaten dazugeben, mit 100 ml Wasser ablöschen und 5 Minuten köcheln lassen. Zwischendurch gelegentlich umrühren. Die Mango schälen, das Fruchtfleisch vom Kern abschneiden und würfeln. Mit den Gewürzen zu den Tomaten geben und alles pürieren.

Tipp

Dazu passen von beiden Seiten angebratene und leicht gesalzene Jakobsmuscheln.

Süße Reispfanne

1 Die Zwiebel schälen und fein würfeln. Olivenöl in einer Pfanne erhitzen und die Zwiebel glasig dünsten. Reis hinzugeben und 2–3 Minuten unter Rühren anbraten. Mit Gemüsebrühe ablöschen und Kurkuma hinzugeben. Dann 30 Minuten köcheln lassen, zwischendurch umrühren.

2 Inzwischen Möhre und Paprikaschote waschen und trocknen. Die Möhre schälen und die Enden abschneiden, die Möhre in Würfel schneiden. Die Paprika halbieren, Samen und Scheidewände entfernen und die Paprika in Stücke schneiden. Zum Reis geben und 10 Minuten mitgaren.

3 Erdnusskerne und Rosinen 2–3 Minuten ohne Zugabe von Öl in einer zweiten Pfanne rösten, zwischendurch umrühren und zum Reis geben. Mit Honig, Salz, Pfeffer und Thymian abschmecken.

Für 2 Portionen:

1 Zwiebel

1 EL Olivenöl

120 g Naturreis (parboiled)

600 ml Gemüsebrühe (siehe Seite 131)

1 TL Kurkuma

1 Möhre

1 rote Paprikaschote

80 g Erdnusskerne

50 g Rosinen

1 EL Honig

Salz

Pfeffer

2–4 Zweige Thymian

Spinat-Hirsotto

Für 2 Portionen:

1 Zwiebel

2 EL Olivenöl

125 g Hirse

500 ml Gemüsebrühe (siehe Seite 131)

200 g Blattspinat

1 EL Butter

50 g Parmesan, gerieben

Muskat

Salz

Pfeffer

1 Die Zwiebel schälen und fein würfeln. Das Olivenöl in einem Topf erhitzen und die Zwiebel glasig dünsten. Die Hirse hinzugeben und 2 Minuten mitdünsten. Dann mit der Gemüsebrühe ablöschen und 15 Minuten köcheln lassen. Zwischendurch umrühren.

2 Inzwischen den Spinat waschen, verlesen und trocknen. Unter die Hirse geben, zusammenfallen lassen und weitere 5 Minuten köcheln lassen.

3 Butter und Parmesan hinzugeben und mit Muskat, Salz und Pfeffer abschmecken.

Brokkoli-Feta-Auflauf

Für 2 Portionen:

500 g Brokkoli

1 l Gemüsebrühe (siehe Seite 131)

250 g Kirschtomaten

150 g Fetakäse

20 g Pinienkerne

Olivenöl oder Butter für die Form

Salz, Pfeffer

1 Brokkoli waschen und in Röschen schneiden. Die Gemüsebrühe in einem großen Topf zum Kochen bringen und den Brokkoli 5 Minuten bei mittlerer Hitze garen. Anschließend die Gemüsebrühe abschütten.

2 Kirschtomaten waschen und halbieren. Fetakäse in Würfel schneiden.

3 Backofen auf 180 °C Ober- und Unterhitze vorheizen. Pinienkerne ohne Öl in einer beschichteten Pfanne goldgelb braten.

4 Eine Auflaufform einfetten und den Brokkoli, die Kirschtomaten und die Pinienkerne hineingeben. Den Auflauf im Ofen insgesamt 20 Minuten backen.

5 Nach 10 Minuten im Ofen den Fetakäse über das Gemüse geben, mit Salz und Pfeffer würzen und zu Ende backen.

Pastinaken-Gnocchi

1 Pastinaken schälen, in Stücke schneiden und 10–15 Minuten gar kochen. Das Wasser abschütten und die Pastinaken abkühlen lassen. Mit einem Kartoffelstampfer zerdrücken und mit sauberen Händen mit dem Mehl verkneten, bis ein glatter Teig entstanden ist.

2 Den Teig auf einer bemehlten Arbeitsfläche zu daumendicken Rollen formen und in etwa 3 cm dicke Stücke schneiden. Die Gnocchi mit einem Gabelrücken eindrücken.

3 Die Gnocchi anschließend in reichlich Wasser aufkochen, dann bei reduzierter Hitze 2–3 Minuten garen, bis sie an der Oberfläche schwimmen. Dann mit einer Schöpfkelle herausholen und abtropfen lassen.

4 Von beiden Seiten in Olivenöl goldbraun anbraten.

Tipp

Mit Buchweizenmehl zubereitet sind die Gnocchi glutenfrei, Sie können aber auch ohne Weiteres Dinkelvollkornmehl verwenden.
Zu den Pastinaken-Gnocchi passen Salat und der Avocadodip von Seite 93.

Für 2 Portionen:

350 g Pastinaken

175 g Buchweizenmehl

4 EL Olivenöl

Vietnamesische
Sommerrollen mit Paprikasauce

Für 2 Portionen:

3 rote Paprikaschoten
2 Knoblauchzehen
4 EL Walnusskerne
40 g getrocknete Tomaten
1 Spritzer Zitronensaft
Salz
Pfeffer
1 TL Paprikapulver
1 Msp. Chilipulver
6 Salatblätter
½ Salatgurke
2 Möhren
6 Reispapierblätter (Ø ca. 20 cm)
30 g Sprossen (z. B. Mungobohnen oder Alfalfa)

1 Für die Paprikasauce zwei Paprikaschoten waschen, halbieren, Samen und Scheidewände entfernen und die Paprika in Stücke schneiden. Die Knoblauchzehen schälen und durch eine Knoblauchpresse drücken. Anschließend alles mit den Walnusskernen, getrockneten Tomaten, Zitronensaft, Salz, Pfeffer, Paprika- und Chilipulver sowie 100 ml Wasser im Hochleistungsmixer mixen.

2 Salat, Gurke, Möhren und eine Paprikaschote waschen und trocken tupfen. Die Enden der Möhren und der Gurke abschneiden, Paprika halbieren, Samen und Scheidewände entfernen. Möhren, Gurke und Paprika in sehr dünne Streifen schneiden.

3 In einem großen Topf Wasser auf 40 °C erhitzen. Die Reispapierblätter einzeln eintauchen und sofort wieder herausnehmen, sobald sie weich und biegsam sind. Die Blätter dann auf ein feuchtes Küchentuch legen. Anschließend jedes Reispapierblatt in der Mitte mit Salat, den Gemüsestreifen und den Sprossen belegen, sodass an den Seiten, oben und unten noch ausreichend Platz ist. Die Blätter jeweils oben und unten, rechts und links über die Füllung klappen und fest aufrollen. Mit der Sauce servieren.

Ofenkürbis mit Fetakäse

Für 2 Portionen:

1 kleiner Hokkaidokürbis (ca. 600 g)
2 EL Olivenöl
1 EL Apfelessig
150 g Fetakäse
100 g Rucola
20 g Kürbiskerne, geröstet
Salz
Pfeffer

1 Backofen auf 175 °C Ober- und Unterhitze vorheizen. Kürbis waschen und halbieren. Kürbiskerne entfernen und das Fruchtfleisch in etwa 2 cm dicke Spalten schneiden.

2 Für die Marinade Olivenöl mit Apfelessig verrühren und die Kürbisspalten damit bepinseln. Die Kürsbisspalten 15 Minuten im vorgeheizten Backofen backen. Fetakäse in Stücke schneiden und nach 10 Minuten über die Kürbisspalten geben.

3 Rucola waschen, trocknen und verlesen und auf zwei Tellern verteilen. Die marinierten Kürbisspalten mit Fetakäse darauf anrichten und mit den gerösteten Kürbiskernen bestreuen. Vor dem Servieren mit Salz und Pfeffer würzen.

Blumenkohl-Kartoffel-Curry

Für 2 Portionen:

300 g Kartoffeln
450 g Blumenkohl
1 Zwiebel
1 Knoblauchzehe
1 EL Kokosnussöl
1 TL Kümmel
300 ml Kokosnussmilch
300 ml Gemüsebrühe (siehe Seite 131)
2 EL Kokosnussmehl oder Maisstärke
1 TL Currypulver
Salz
Pfeffer
2 Zweige Thymian

1 Kartoffeln waschen, schälen und in Stücke schneiden. Blumenkohl waschen, die Röschen abtrennen und klein schneiden. Zwiebel und Knoblauch schälen und fein hacken.

2 Öl in einer Pfanne erhitzen und Zwiebel, Knoblauch und Kümmel 1 Minute anbraten. Kartoffeln und Blumenkohl hinzugeben und weitere 5 Minuten mitbraten. Mit der Kokosnussmilch und Gemüsebrühe ablöschen und 15 Minuten köcheln lassen.

3 Das Kokosnussmehl unterrühren und mit Curry, Salz und Pfeffer würzen. Thymian waschen, trocken tupfen, die Blättchen abzupfen und das Curry damit garnieren.

Ofen-Ratatouille

Für 2 Portionen:

1 Aubergine

1 kleiner Zucchino (ca. 250 g)

1 rote Paprikaschote

1 große Zwiebel

1 Knoblauchzehe

2 EL Olivenöl

Salz

Pfeffer

1 Bund Kräuter der Provence

150 g Fetakäse

1 Den Backofen auf 200 °C Umluft vorheizen.

2 Aubergine und Zucchino waschen und trocknen. Die Enden entfernen und das Gemüse in dünne Scheiben schneiden. Paprikaschote waschen, trocknen und halbieren, Samen und Scheidewände entfernen und die Paprika in Streifen schneiden.

3 Zwiebel und Knoblauch schälen. Die Zwiebel fein würfeln und den Knoblauch durch eine Knoblauchpresse drücken.

4 Alles in eine Schüssel geben und mit dem Olivenöl beträufeln. Anschließend mit Salz und Pfeffer würzen.

5 Die Kräuter waschen, trocken tupfen, fein hacken und das Gemüse damit bestreuen.

6 Ein Backblech mit Backpapier auslegen und das Gemüse darauf verteilen.

7 Den Fetakäse mit einer Gabel zerdrücken und gleichmäßig auf dem Gemüse verteilen.

8 Dann die Ratatouille 20 Minuten im vorgeheizten Ofen backen, das Gemüse nach der Hälfte der Zeit einmal wenden.

Reis mit Brokkoli
und Kokos-Erdnuss-Sauce

1 Reis in 240 ml Wasser 30 Minuten garen, zwischendurch umrühren. Brokkoli in Röschen schneiden und in reichlich Wasser 5 Minuten kochen oder dampfgaren.

2 Zwiebel schälen und fein hacken. Das Kokosnussöl in einem Topf erhitzen und die Zwiebel darin anbraten. Mit 350 ml Wasser ablöschen. Das Kokosnussmehl mit einem Schneebesen einrühren, anschließend das Erdnussmus hinzugeben und verrühren. Den Chili in dünne Ringe schneiden und unterheben, mit Salz und Pfeffer würzen.

3 Reis, Brokkoli und Sauce anrichten und mit den Erdnusskernen garnieren.

Für 2 Portionen:

120 g Naturreis (parboiled)

1 Brokkoli

1 kleine Zwiebel

1 EL Kokosnussöl

2 EL Kokosnussmehl oder Maisstärke

2 EL Erdnussmus (ohne Zucker)

1 milde Chili

Salz

Pfeffer

2 EL Erdnusskerne

Gemüse-Spaghetti
mit Pesto und veganem Parmesan

Für 2 Portionen:

1 großer Zucchino (ca. 400 g)
2 Möhren
1 EL Olivenöl
4 EL Basilikum-Pesto (siehe Seite 135)
Für den veganen Parmesan:
50 g Cashewkerne
1 TL Hanfsamen
1 EL Vollkornsemmelbrösel
1 TL Salz

1 Zucchino und Möhren waschen und die Enden abschneiden. Aus dem Zucchino und den Möhren mit einem Spiralschneider oder Julienneschäler in lange, hauchdünne Streifen schneiden. Das Olivenöl mit den Händen leicht in die Gemüse-Spaghetti einarbeiten.

2 Für den veganen Parmesan Cashewkerne, Hanfsamen, Semmelbrösel und Salz mixen und über Gemüse-Spaghetti geben.

3 Gemüse-Spaghetti mit Basilikum-Pesto und Parmesan anrichten.

Im Prinzip handelt es sich bei den Gemüse-Spaghetti um einen Salat.

Paprika
mit Grünkern-Gemüse-Füllung

Für 2 Portionen:

80 g Grünkern

200 ml Gemüsebrühe (siehe Seite 131)

1 Möhre (ca. 100 g)

1 kleine Zwiebel

½ Stange Lauch

150 g Fetakäse

½ Bund glatte Petersilie

2 EL Olivenöl

Salz

Pfeffer

4 rote Paprikaschoten

1 Grünkern etwa 30 Minuten in der Gemüsebrühe gar kochen.

2 Möhre und Zwiebel schälen und beides fein würfeln. Lauch waschen, trocknen und in Ringe schneiden. Fetakäse in feine Würfel schneiden. Petersilie waschen, trocken tupfen und fein hacken.

3 Nun 1 EL Olivenöl in einer Pfanne erhitzen und die Zwiebel, den Lauch und die Möhre 2–3 Minuten darin andünsten.

4 Das Wasser vom Grünkern abschütten. Grünkern, Fetakäse, Petersilie, Zwiebel, Lauch und Möhre vermengen. Mit Salz und Pfeffer würzen und 1 EL Öl unterrühren.

5 Den Backofen auf 180 °C Ober- und Unterhitze vorheizen. Die Paprikaschoten waschen, trocknen, die Deckel abschneiden und Samen und Scheidewände entfernen.

6 Die Grünkern-Gemüse-Mischung in die Paprikaschoten füllen. Die gefüllten Paprikaschoten in eine Auflaufform setzen und etwas Wasser in die Form füllen. Nun 15 Minuten im vorgeheizten Ofen backen.

Statt Fetakäse können für die Grünkern-Gemüse-Füllung auch 20 g gehackte Walnüsse verwendet werden – so wird das Gericht im Handumdrehen vegan.

Wirsing mit Linsen
in Joghurt-Walnuss-Sauce

Für 2 Portionen:

1 kleine Zwiebel

1 Möhre

½ Wirsing (ca. 300 g)

1 EL Olivenöl

100 g Berglinsen

500 ml Gemüsebrühe (siehe Seite 131)

Für die Sauce:

2 EL Walnusskerne

150 g Joghurt

Salz

Pfeffer

1 EL Kümmel

1 Zwiebel und Möhre schälen. Die Zwiebel fein würfeln. Die Möhre längs halbieren, die Enden entfernen und die Möhre anschließend in Scheiben schneiden.

2 Den Wirsing waschen und trocken schleudern, den harten Strunk entfernen und die Blätter in dünne Streifen schneiden.

3 Olivenöl in einem Topf erhitzen und Zwiebel und Möhre darin anschwitzen. Den Wirsing und die Berglinsen zufügen und mit Gemüsebrühe ablöschen. Anschließend 20–25 Minuten köcheln lassen und zwischendurch umrühren.

4 Für die Sauce die Walnusskerne fein hacken und mit dem Joghurt, Salz, Pfeffer und Kümmel vermengen.

5 Eventuell überschüssiges Wasser von Wirsing und Linsen abschütten und die Joghurt-Walnuss-Sauce unterheben.

Statt der Joghurt-Walnuss-Sauce passt auch der Dip vom Tiroler Gröstl (Seite 95) zum Gericht.

Kohlrabi-Reis-Eintopf

1 Zwiebel schälen und fein würfeln. Das Olivenöl in einem Topf erhitzen. Zwiebel, Reis, Kümmel und Kurkuma kurz anbraten, dann mit 350 ml Wasser ablöschen. Anschließend 20 Minuten köcheln lassen und zwischendurch umrühren.

2 Kohlrabi schälen und in Würfel schneiden, die Blätter waschen, trocknen und in feine Streifen schneiden. Beides zum Reis geben und weitere 10 Minuten mitköcheln lassen. Zwischendurch umrühren.

3 Die Zitrone auspressen. Den Zitronensaft hinzugeben und mit Salz und Pfeffer würzen. Die Walnusskerne grob hacken und über den Eintopf streuen.

Für 2 Portionen:

1 Zwiebel

2 EL Olivenöl

120 g Naturreis (parboiled)

1 EL Kümmel

½ TL Kurkuma

1 Kohlrabi mit Blättern

½ Zitrone

Salz

Pfeffer

2 EL Walnusskerne

Tropischer Cocktail

Für 2 Portionen (à 250 ml):

Für die rote Schicht:

125 g Himbeeren

1 kleine Banane

100 ml Kokosnussmilch

Für die gelbe Schicht:

2 Maracujas

1 Mango

1 Scheibe Ananas (ca. 2 cm dick)

Zum Garnieren:

1 Kiwi

2 Himbeeren

1 Für die rote Schicht die Himbeeren waschen und trocken tupfen. Die Banane schälen und in Stücke schneiden. In den Mixer geben und mit der Kokosnussmilch mixen.

2 Für die gelbe Schicht die Maracujas halbieren und das Fruchtfleisch mit einem Löffel herausholen. Die Mango schälen und das Fruchtfleisch vom Kern schneiden. Mit der Ananas und 100 ml Wasser mixen.

3 Zuerst die rote Schicht auf zwei Gläser verteilen, dann die gelbe Schicht darübergeben. Mit je einer Himbeere schmücken. Die Kiwi schälen, in Scheiben schneiden und jedes Glas mit einer Kiwischeibe dekorieren.

Grünes Gold

Für 2 Portionen (à 250 ml):

Für die grüne Schicht:

100 g Grünkohl

1 Banane

Für die goldene Schicht:

1 Mango

1 Orange

1 Tropfen Lein- oder Sonnenblumenöl

1 Für die grüne Schicht den Grünkohl waschen und trocknen. Die harten Blattrippen entfernen. Die Banane schälen und in Stücke schneiden. Mit 100 ml Wasser mixen.

2 Für die goldene Schicht die Mango schälen, Fruchtfleisch vom Kern abschneiden und würfeln, die Orange schälen, klein schneiden. Mit 100 ml Wasser und dem Öl mixen.

3 Nun zuerst die grüne Schicht auf zwei Gläser verteilen und dann die orangefarbene Schicht darübergeben.

so geht's

Grüne Smoothies: Die Basics

Grüne Smoothies bestehen aus drei Komponenten: Die Grundlage bilden Blattgemüse wie Feldsalat, Mangold, Grünkohl oder Spinat, der bei Anfängern beliebt ist, da er nicht so intensiv schmeckt. Auch Kräuter wie Basilikum, Petersilie oder Kerbel können verwendet werden. Früchte wie Bananen, Ananas, Äpfel, Birnen, Mangos oder Beeren bilden die zweite Komponente. Bananen sind insbesondere für Anfänger gut geeignet, denn sie geben dem Smoothie eine cremige Konsistenz. Übrigens: Beeren färben den grünen Smoothie bräunlich! Die dritte Komponente ist Flüssigkeit: In der Regel wird Wasser zugegeben, aber auch Kokoswasser, Kokosmilch, Nussmilch, Direktsaft oder Tee sind beliebt. Wer will, ergänzt ein Superfood wie Matcha, Macapulver, Ingwer, Gojibeeren oder Chiasamen. Gewürze wie Vanille, Zimt oder Kardamom verfeinern den Geschmack. Weniger ist grundsätzlich mehr: Verwenden Sie nur drei bis vier verschiedene Zutaten. Anfangs sollte der Fruchtanteil höher sein als der Gemüseanteil, denn der herb-bittere Geschmack des Blattgrüns wird durch die süßen Früchte abgemildert. Ein Verhältnis von 60 Prozent Frucht zu 40 Prozent Grün hat sich bewährt. Nach und nach kann dann der Grünanteil gesteigert werden. Alle Zutaten putzen, waschen (eventuelle Strünke, Kerngehäuse und ungenießbare Schalen entfernen), klein schneiden, und ab in den Mixer!

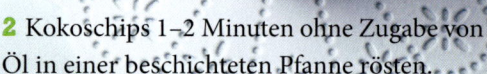

Bananensplit

Für 2 Portionen (à 250 ml):

2 Bananen

400 ml Mandel- oder Haselnussmilch (siehe Seite 133)

1 EL Carob- oder rohes Kakaopulver

1 EL rohes Kakaopulver

2 EL Mandel- oder Haselnussmus (siehe Seite 133)

1 EL Kokoschips

1 EL Kakaonibs

1 Die Bananen schälen. Mit der Nussmilch, dem Carob- und dem Kakaopulver sowie dem Nussmus mixen.

2 Kokoschips 1–2 Minuten ohne Zugabe von Öl in einer beschichteten Pfanne rösten.

3 Den Smoothie auf zwei Gläser verteilen und mit Kokoschips und Kakaonibs garnieren.

Popeye

Für 2 Portionen (à 250 ml):

100 g Blattspinat

2 Orangen

1 Banane

1 Scheibe Ananas (ca. 2 cm dick)

1 EL Chiasamen

1 Blattspinat waschen und verlesen. Orangen halbieren und auspressen. Banane schälen und in Stückchen schneiden. Spinat, Orangensaft, Banane, Ananas, Chiasamen und 150 ml Wasser mixen.

Frischekick

Für 2 Portionen (à 250 ml):

1 Mango

2 Bananen

2 Handvoll Blattspinat

1 Die Mango schälen und das Fruchtfleisch vom Kern abschneiden. Die Bananen schälen und in Stücke schneiden. Den Blattspinat waschen und verlesen. Alle Zutaten mit 200 ml Wasser mixen.

Durstlöscher

Für 2 Portionen (à 250 ml):

4 Orangen

2 Bananen

1 TL Macapulver

1 Die Orangen halbieren und auspressen. Die Bananen schälen und in Stücke schneiden. Den Orangensaft mit den Bananenstücken und dem Macapulver mixen und den Smoothie auf zwei Gläsern verteilen.

Goldene Milch

Für 2 Portionen:

1 TL Kurkuma

1 Kapsel Kardamom

½ TL Zimt

1 Msp. Vanille, gemahlen

etwas Pfeffer aus der Mühle

400 ml Mandelmilch (siehe Seite 133)

1 TL Kokosnussöl

1 Zunächst 100 ml Wasser mit Kurkuma, Kardamom, Zimt, Vanille und Pfeffer aufkochen und 2–3 Minuten köcheln lassen. Zwischendurch umrühren.

2 Die Mandelmilch und das Kokosnussöl unterrühren und auf zwei Gläser verteilen.

Im Ayurveda gehört Kurkuma zu den »heißen Gewürzen«. Er hat eine antioxidative, entzündungshemmende und heilungsfördernde Wirkung.

Obstsalat mit Walnüssen

Für 2 Portionen:

½ Honigmelone

1 Pfirsich

120 g Kirschen

120 g Himbeeren

½ Limette

2 EL Walnusskerne

2 EL Pistazienkerne, ungesalzen

2 EL Gojibeeren

1 Die Honigmelone, den Pfirsich und die Kirschen entkernen und das Fruchtfleisch in Stücke schneiden. Die Himbeeren hinzugeben.

2 Die Limette auspressen und den Saft über die Früchte geben.

3 Die Walnuss- und Pistazienkerne fein hacken und mit den Gojibeeren auf dem Obstsalat anrichten.

New-York-Cheesecake
mit Himbeer-Chia-Marmelade

Für eine Springform (Ø 26 cm):

Für den Teig:

75 g Walnusskerne

175 g Dinkelvollkornmehl

120 g Butter

50 g Rohrohrzucker

Für die Füllung:

600 g Frischkäse

300 g Joghurt

1 Msp. Vanille, gemahlen

1 unbehandelte Zitrone

3 TL Agar-Agar

60 g Rohrohrzucker

Für die Marmelade:

250 g Himbeeren

1 Msp. Vanille, gemahlen

2 EL Chiasamen

1 Für den Teig die Walnusskerne sehr fein hacken oder mixen. Anschließend mit Dinkelvollkornmehl, Butter und Zucker zu einem glatten Teig verkneten. Die Springform einfetten und den Teig darin auslegen.

2 Für die Füllung den Frischkäse mit dem Joghurt und der Vanille vermengen. Die Zitronenschale abreiben und hinzugeben.

3 Die Zitrone auspressen und mit Wasser auf 150 ml aufgießen. In einem Topf mit Agar-Agar aufkochen. Zucker unterrühren und 2–3 Minuten unter Rühren quellen lassen.

Zügig unter die Frischkäse-Joghurt-Creme rühren. Creme in die Springform füllen und 30 Minuten abkühlen lassen. Den Backofen auf 180 °C Ober- und Unterhitze vorheizen.

4 Für die Himbeer-Chia-Marmelade die Himbeeren waschen und trocken tupfen. Mit der Vanille mixen oder pürieren. Die Chiasamen unterrühren, in ein Marmeladenglas füllen und anschließend 30 Minuten im Kühlschrank quellen lassen.

5 Den New-York-Cheesecake dann 30 Minuten im vorgeheizten Ofen backen.

Banana-Bread mit Walnüssen

Für eine Kastenform (28 cm):

3 reife Bananen
50 ml Sonnenblumenöl
300 g Dinkelvollkornmehl
1 Päckchen Backpulver
½ TL Zimt
1 Msp. Vanille, gemahlen
1 Prise Salz
2 EL Kokosblüten- oder Rohrohrzucker
4 EL Walnusskerne

1 Den Backofen auf 175 °C Ober- und Unterhitze vorheizen.

2 Die Bananen schälen und klein schneiden. Mit dem Öl pürieren.

3 Dinkelmehl, Backpulver, Zimt, Vanille, Salz und Kokosblütenzucker vermengen. Die Walnusskerne grob hacken. Alles unter die Bananenmasse rühren.

4 Eine Kastenform (28 cm) mit Backpapier auslegen oder einfetten, den Teig hineingeben und glatt streichen. Dann 40 Minuten im vorgeheizten Ofen backen. Nach 15 Minuten mit Folie oder einem Teller abdecken, damit das Brot nicht zu dunkel wird.

Tipp

Das Banana-Bread schmeckt auch mit Pekannüssen statt Walnüssen sehr lecker. Wer mag, kann das Banana-Bread auch mit der Himbeer-Chia-Marmelade von Seite 123 bestreichen. Dieses Brot eignet sich übrigens perfekt als Proviant zum Mitnehmen.

Apfelküchlein
mit Haselnusskruste

Für 2 Portionen:

2 große Äpfel
Saft von ½ Zitrone
1 EL Sonnenblumenöl
150 ml süße Sahne
1 Ei
1 EL Apfeldicksaft
50 g Dinkelvollkornmehl
½ TL Zimt
1 Msp. Vanille, gemahlen
50 g gemahlene Haselnusskerne
50 g ganze Haselnusskerne

1 Den Backofen auf 200 °C Ober- und Unterhitze vorheizen.

2 Die Äpfel waschen, vierteln, entkernen und in Würfel schneiden. Mit dem Zitronensaft beträufeln. Eine Auflaufform mit Öl einfetten und die Äpfel hineingeben.

3 Sahne, Ei, Apfeldicksaft, Dinkelvollkornmehl, Zimt, Vanille und gemahlene Haselnusskerne in einer Schüssel verrühren und über die Apfelstücke geben.

4 Die ganzen Haselnusskerne grob hacken und auf dem Teig verteilen. Im vorgeheizten Ofen 15 Minuten backen.

Russischer Zupfkuchen

Für eine Springform (Ø 26 cm):

Für den Teig:

300 g Dinkelvollkornmehl

1 Päckchen Backpulver

5 EL rohes Kakaopulver

80 g Rohrohrzucker

1 Prise Salz

200 g Butter

1 Ei

Für die Füllung:

2 Eier

500 g Quark

200 g süße Sahne

1 Msp. Vanille, gemahlen

1 Prise Salz

1 Den Backofen auf 180 °C Ober- und Unterhitze vorheizen.

2 Dinkelvollkornmehl, Backpulver, Kakao, Zucker und Salz in einer Schüssel vermischen. Butter und Ei hinzugeben und mit den Händen zu einem glatten Teig verarbeiten. Die Springform einfetten und mit 2/3 des Teigs auslegen.

3 Für die Füllung Eier, Quark, Sahne, Vanille und Salz mit einem Handrührer vermengen. Die Füllung auf den Teig geben.

4 Den restlichen Teig in kleine Stücke zupfen und auf der Füllung verteilen. Im vorgeheizten Ofen 60 Minuten backen.

Quinoa-Mandel-Riegel

Für eine Backform (26 × 20 cm):

120 g gepuffte Quinoa
2 EL Blütenpollen
100 g Mandeln
50 g Kokosnussöl
200 g Honig
1 Msp. Vanille, gemahlen
1 Prise Salz

1 Die Quinoa mit den Blütenpollen vermengen. Die Mandeln grob hacken.

2 Das Kokosöl in einem Topf bei niedriger Temperatur schmelzen lassen, Honig, Vanille und Salz hinzugeben und verrühren. Die flüssigen Zutaten zu den trockenen Zutaten geben und vermengen.

3 Die Backform mit Backpapier auslegen und die Masse hineinfüllen. Mit Backpapier abdecken und etwas zum Beschweren darauflegen. Dann 1 Stunde in den Kühlschrank oder 30 Minuten in das Tiefkühlfach stellen. Anschließend in 8 Riegel schneiden.

Tipp

Vegan wird der Riegel, wenn die Blütenpollen weggelassen werden und der Honig durch Agavendicksaft oder Ahornsirup ersetzt wird.

So geht's!

Do it yourself: Gepuffte Quinoa

Gepuffte Quinoa können Sie ähnlich wie Popcorn selbst herstellen: Dazu einen großen Topf vorsichtig und nicht zu stark erhitzen und etwa 30 g Quinoa (weiß) hineingeben, den Topf mit einem Deckel verschließen. Sobald die Körner aufpuffen, den Topf von der Herdplatte nehmen und leicht schwenken, bis alle Körner gepufft sind.

Dreierlei Energy Balls

Für jeweils 6 Stück:

Schoko-Haselnuss-Energy-Balls:

100 g Haselnusskerne

1 Msp. Vanille, gemahlen

1 EL rohes Kakaopulver

150 g Datteln, getrocknet
(entsteint gewogen)

Apfelkuchen-Energy-Balls:

30 g Datteln, getrocknet
(entsteint gewogen)

50 g Cashewkerne

30 g Apfelringe, getrocknet (ungezuckert)

50 g Rosinen

½ TL Zimt

Energy-Mozartkugeln:

60 g ungesalzene Pistazienkerne
(ungeschält ca. 240 g)

100 g Mandelkerne

2 EL Agavendicksaft

150 g Haselnusskerne

2 EL rohes Kakaopulver

1 Für die Schoko-Haselnuss-Energy-Balls Haselnusskerne, Vanille, Kakao und Datteln in einen leistungsstarken Mixer geben und so lange mixen, bis eine glatte Masse entstanden ist. Die Masse mit den Händen zu 6 Kugeln formen und vor dem Verzehr 30 Minuten in den Kühlschrank stellen.

2 Für die Apfelkuchen-Energy-Balls Datteln, Cashewkerne, Apfelringe, Rosinen und Zimt in einen leistungsstarken Mixer geben und so lange mixen, bis eine glatte Masse entstanden ist. Die Masse mit den Händen zu 6 Kugeln formen und vor dem Verzehr 30 Minuten in den Kühlschrank stellen.

3 Für die Energy-Mozartkugeln Pistazienkerne mit 2 EL Wasser mixen. Den Mixer reinigen und die Mandelkerne mit 2 EL Wasser und 1 EL Agavendicksaft mixen. Den Mixer erneut reinigen und die Haselnusskerne mit 2 EL Wasser, 1 EL Agavendicksaft und dem Kakaopulver mixen. Die Pistazienmasse mit den Händen zu 6 kleinen Kugeln formen. Die Mandelmasse in 6 Teile teilen, dünn ausrollen und je eine Pistazienkugel hineinsetzen und mit der Mandelmasse ummanteln. Die Haselnussmasse in 6 Teile teilen und ausrollen, wieder jeweils eine Kugel hineinsetzen und mit der Haselnussmasse ummanteln. Vor dem Verzehr unbedingt etwa 30 Minuten in den Kühlschrank stellen.

Apfel-Aprikosen-Kekse

Für 10 Stück:

1 Apfel
½ Zitrone
60 ml Hafermilch
50 ml Sonnenblumenöl
100 g Vollkornhaferflocken
150 g Dinkelvollkornmehl
½ TL Zimt
80 g Aprikosen, getrocknet (ungeschwefelt)

etwas mehr Aprikosen

1 Den Backofen auf 175 °C ~~Ober- und Unter-hitze~~ *Umluft* vorheizen.

2 Apfel waschen, trocknen, vierteln, das Kerngehäuse entfernen und das Fruchtfleisch raspeln. Die Zitrone auspressen und den Saft über den Apfel träufeln. Hafermilch und Öl in einer Schüssel zu dem Apfel geben.

3 In einer zweiten Schüssel die Haferflocken mit Dinkelvollkornmehl und Zimt vermengen. Die Aprikosen in feine Stücke schneiden und zufügen. Die Apfelmasse unter Rühren dazugeben und so lange weiterrühren, bis ein glatter Teig entstanden ist.

viel kleiner ca. Pralinengröße

4 Ein Backblech mit Backpapier auslegen. Mit bemehlten Händen 10 tischtennisballgroße Kugeln formen, diese dann zu Keksen platt drücken, mit etwas Abstand auf das Backblech setzen und 15 Minuten im vorgeheizten Ofen auf der mittleren Schiene backen.

Salatdressings

Für 2 Portionen:

Senf-Dill-Dressing:

1 Stängel Dill

1 EL mittelscharfer Senf

1 EL Apfelessig

1 TL Zitronensaft

1 TL Honig

2 EL Olivenöl

Salz

Pfeffer

Mango-Essig:

1 Mango

2 EL Apfelessig

1 EL Leinöl

Salz

Pfeffer

Himbeer-Dressing:

100 g Himbeeren

2 EL Balsamico (ungezuckert)

4 EL Olivenöl

1 EL mittelscharfer Senf

Salz

Pfeffer

1 Für das Senf-Dill-Dressing den Dill waschen, vorsichtig trocken tupfen und fein hacken. Die restlichen Zutaten miteinander verrühren und den Dill unterheben.

2 Für den Mango-Essig die Mango schälen und das Fruchtfleisch vom Kern ablösen und in Stücke schneiden. Mit den restlichen Zutaten pürieren.

3 Für das Himbeer-Dressing die Himbeeren waschen, trocken tupfen und mit den restlichen Zutaten pürieren.

Gemüsebrühe

Für 2 Gläser à 200 ml:

2 Möhren
½ Knollensellerie (ca. 350 g)
1 Stange Lauch
2 Zwiebeln
1 Bund Liebstöckel
1 Bund Petersilie
40 g Salz

1 Möhren und Sellerie schälen und raspeln. Lauch waschen und in feine Ringe schneiden. Zwiebeln schälen und fein würfeln. Liebstöckel und Petersilie waschen, trocken tupfen und fein hacken. Alternativ kann auch alles im Mixer zerkleinert werden.

2 Zwei Backbleche mit Backpapier auslegen und das Gemüse dünn darauf verteilen. 90–120 Minuten bei etwa 75–80 °C Umluft im Backofen oder Dörrgerät trocknen lassen. Die Zeit ist abhängig vom verwendeten Gerät. Den Backofen einen Spaltbreit geöffnet lassen, damit die Feuchtigkeit entweichen kann. Mit Salz vermischen und abkühlen lassen. Fertig!

3 Für 500 ml Gemüsebrühe 1 EL mit kochendem Wasser aufbrühen.

Tipp

Sie können Ihre Gemüsebrühe aber auch im Kochtopf zubereiten: Für 1 Liter einfach Möhren und Sellerie schälen und würfeln. Den Lauch waschen und in Ringe schneiden. Die Zwiebeln schälen und fein würfeln. Liebstöckel und Petersilie waschen, trocken tupfen und fein hacken. 2 EL Olivenöl in einem großen Topf erhitzen und das Gemüse darin 1–2 Minuten andünsten. Mit 1,5 Litern Wasser ablöschen und die Kräuter und 1/2 TL Salz (statt 40 g) hinzugeben. Aufkochen lassen und dann bei geringer Temperatur 50–60 Minuten köcheln lassen. Anschließend die Gemüsebrühe durch ein Sieb gießen und auffangen.

Proteinshake

Für 2 Portionen à 250 ml:

125 g Himbeeren

100 g Quark

300 ml Milch

2 EL Vollkornhaferflocken

2 EL Kokosnussraspeln

1 Himbeeren waschen und vorsichtig trocken tupfen und gemeinsam mit den restlichen Zutaten mixen oder pürieren.

Tipp

Statt Himbeeren können Sie auch andere Früchte verwenden. Die Kokosnussraspeln können Sie etwa durch rohes Kakaopulver, Carob oder Macapulver ersetzen.

Tomatensauce

Für 400 ml:

500 g Tomaten

1 Zwiebel

1 Knoblauchzehe

1 EL Olivenöl

Salz

1 TL Oregano, getrocknet

1 TL Basilikum, getrocknet

1 Tomaten waschen, trocknen und die Haut mit einem Messer einritzen. Die Tomaten in einem Topf mit kochendem Wasser überbrühen, danach abschrecken, die Haut abziehen und den Strunk entfernen. Die Tomaten in Stücke schneiden.

2 Zwiebel und Knoblauch schälen und fein hacken. Das Olivenöl in einem Topf erhitzen und Zwiebel und Knoblauch andünsten. Tomaten hinzugeben, einmal aufkochen und 30 Minuten köcheln lassen.

3 Mit Salz, Oregano und Basilikum würzen und nur grob pürieren. Das ist entscheidend, denn es sollen kleine Stücke übrig bleiben.

Tipp

Die Tomatensauce ist Grundlage für zahlreiche Gerichte wie schnelle Nudelsaucen, Pizzasauce, Suppen und Aufläufe.

Nussmus

Für 2 Gläser à 200 ml:

500 g Hasel- oder Walnüsse oder Mandeln

1 Die Nüsse roh in einen Hochleistungsmixer oder eine Küchenmaschine mit Messereinsatz geben und wenige Sekunden cremig mixen. Das Nussmus darf beim Mixen nicht zu warm werden, sonst tritt das den Nüssen eigene Öl nicht aus.

2 Das Mus immer wieder von den Seiten des Mixers abschaben und nach unten drücken, so lange, bis das Nussmus über eine feine, cremige Konsistenz verfügt.

3 Das Nussmus in ein Schraubglas füllen, mit einem Schraubdeckel verschließen und im Kühlschrank aufbewahren.

Tipp

Ob pur, als Brotaufstrich oder zum Verfeinern von Speisen – Nussmus kann vielfältig eingesetzt und aus jeder Nusssorte hergestellt werden. Auch können verschiedene Sorten miteinander kombiniert werden.

Meine Favoriten: Mandelmus und Haselnussmus. Wenn Sie bemerken, dass der Mixer schwer arbeitet, um die Nüsse zu pürieren, geben Sie einfach etwas Pflanzenöl hinzu.

Nussmilch

Für 1 l:

200 g Hasel- oder Walnüsse oder Mandeln

1 Die Nüsse über Nacht in Wasser einweichen. Am nächsten Tag das Wasser abschütten und die Nüsse mit einem Liter frischem Wasser in einen Mixer geben. So lange mixen, bis die Nüsse sehr fein sind.

2 Einen Nussmilchbeutel oder ein sauberes Tuch über eine Schüssel stülpen und die Nussmilch durchseihen.

3 Nussmilch in eine Glasflasche umfüllen und im Kühlschrank aufbewahren.

Tipp

Nach Geschmack zum Süßen noch eine Dattel oder Agavendicksaft mitmixen oder mit Zimt, Vanille oder Kardamom würzen.

Hummus

Für 2 Portionen:

Grundrezept:

120 g getrocknete Kichererbsen

1 Knoblauchzehe

1 Prise Salz

2 EL Sesampaste (Tahini)

1 EL Zitronensaft

2 EL Olivenöl

Rote-Bete-Hummus:

1 Rote Bete (ca. 200 g)

120 g getrocknete Kichererbsen

1 Knoblauchzehe

1 Prise Salz

2 EL Sesampaste (Tahini)

1 EL Zitronensaft

2 EL Olivenöl

1 TL Rosmarin, getrocknet

Grüne-Erbsen-Hummus:

200 g grüne Erbsen

120 g getrocknete Kichererbsen

2 Stängel Petersilie

1 Knoblauchzehe

1 Prise Salz

2 EL Sesampaste (Tahini)

1 EL Zitronensaft

2 EL Olivenöl

Kümmel

Grundrezept

1 Für das Grundrezept die Kichererbsen über Nacht in reichlich Wasser einweichen. In ein Sieb abgießen, abspülen und mit frischem Wasser in einem Topf aufsetzen. Aufkochen lassen und zugedeckt bei wenig Hitze köcheln lassen. Nach 45 – 60 Minuten Garzeit probieren, ob die Kichererbsen gar sind, dann abgießen. Den Knoblauch schälen und durch eine Knoblauchpresse drücken. Mit den restlichen Zutaten pürieren.

Rote-Bete-Hummus

1 Für den Rote-Bete-Hummus die Rote Bete in reichlich Wasser in 50–60 Minuten gar kochen. Dann abschrecken und mit Handschuhen schälen und in Würfel schneiden. Danach geht es weiter, wie im Grundrezept (siehe oben) beschrieben.

Grüne-Erbsen-Hummus

1 Für den Grüne-Erbsen-Hummus die Erbsen in reichlich Wasser gar kochen. Die Petersilie waschen, trocken tupfen und fein hacken. Danach geht es weiter, wie im Grundrezept (siehe oben) beschrieben.

Tipp

Das Grundrezept kann auch mit Curry, getrockneten Tomaten, Bärlauch und anderen Zutaten – je nach Geschmack – verfeinert werden. Hummus schmeckt als Vorspeise, als Dip zu Rohkost oder als veganer Brotaufstrich. Mit einem Schnellkochtopf verkürzen sich die Kochzeiten um etwa ein Drittel.

Pesto

Für 1 Glas (200 ml):

40 g Pinienkerne

1 Knoblauchzehe

100 g Kräuter,
z.B. Basilikum oder Bärlauch

½ TL Salz

100 ml Pflanzenöl

1 Pinienkerne in einer beschichteten Pfanne rösten. Die Knoblauchzehe schälen und auspressen. Kräuter waschen und trocken tupfen. Alle Zutaten pürieren oder mixen.

2 Das Pesto in ein sauberes Schraubglas füllen und im Kühlschrank aufbewahren.

Remoulade, Mayonnaise & Curry-Ketchup

Für 2 Portionen Remoulade:

75 ml Sonnenblumenöl

1 TL Apfelessig

200 g Crème fraîche

1 TL mittelscharfer Senf

1 Spritzer frisch gepresste Zitrone

Salz

1 Schalotte

1 Gewürzgurke (ca. 30 g, ungezuckert)

½ Bund Schnittlauch

½ Bund Dill

Pfeffer

1 Sonnenblumenöl, Essig, Crème fraîche, Senf und Zitronensaft und eine Prise Salz in eine Schüssel geben und mit dem Handrührgerät vermengen. Schalotte schälen und fein würfeln. Gewürzgurke ebenfalls fein würfeln. Schnittlauch und Dill waschen und trocken tupfen, beides fein hacken. Gemüsewürfel und Kräuter mit der Remoulade vermengen und mit Salz und Pfeffer abschmecken.

Für 2 Portionen Mayonnaise:

75 ml Sonnenblumenöl

1 TL Apfelessig

200 g Crème fraîche

1 TL mittelscharfer Senf

1 Spritzer frisch gepresste Zitrone

Salz

1 Öl, Apfelessig, Crème fraîche, Senf, Zitronensaft und Salz in eine Schüssel geben und mit dem Handrührgerät vermengen.

Für 2 Portionen Curry-Ketchup:

½ Mango (ca. 150 g)

250 g Tomaten

1 Schalotte

1 EL Olivenöl

1 TL Honig oder Agavendicksaft

1 Msp. Chilipulver

Salz

Pfeffer

1 EL Currypulver

1 EL Maisstärke

1 Die Mango schälen, das Fruchtfleisch vom Kern abschneiden. Die Tomaten waschen, trocknen und den Strunk entfernen. Tomaten und Mango klein schneiden und pürieren. Schalotte fein würfeln, in Öl anbraten und mit dem Honig oder Agavendicksaft karamellisieren. Mit den Tomaten und der Mango ablöschen. Einmal aufkochen, dann 30 Minuten köcheln lassen. Gewürze und Maisstärke hinzugeben und noch einmal aufkochen. Danach den Curry-Ketchup erneut pürieren.

BÜCHER

Von Hannah Frey

Clean Eating – Natürlich kochen. Bewusst genießen – Besser leben.
Dort-Hagenhausen-Verlag, München

Clean Eating – Kochen mit Superfoods. Bewusst genießen – Besser leben.
Dort-Hagenhausen-Verlag, München

Gesund im Büro. Projekt: Gesund leben. Kreuz Verlag, Freiburg

Aus dem GRÄFE UND UNZER VERLAG

Göbl, Ulrike: **Clean Eating: Pur essen – gesünder leben**

Guth, Christiane; Hickisch, Burkhard: **Grüne Smoothies**

Kyrein, Martin.; Waesse, Harry.: **Yoga für Einsteiger**

Kittler, Martina: **Vollwert vom Feinsten**

Mossetter, Kurt.; Probost, Thorsten; Simon, Wolfgang A.; Cavelius, Anna: **Zucker – der heimliche Killer**

Weitere Titel

Carr, Kris: **Crazy sexy gesund: Iss' Dein Gemüse, entfach' Dein Feuer und leb' aus ganzem Herzen!** Aurum in J. Kamphausen, Bielefeld

Freedman, Rory; Barnouin, Kim: **Skinny Bitch: Die Wahrheit über schlechtes Essen, fette Frauen und gutes Aussehen – Schlank sein ohne Hungern!**, Goldmann Verlag, München

Hildmann, Attila: **Vegan for Youth, Die Attila Hildemann Triät. Schlanker, gesünder und jünger in 60 Tagen**, Becker Joest Volk Verlag, Hilden

Reno, Tosca: **Die Eat-Clean Diät. Das Original: Der New York Times Bestseller.** Südwest Verlag, München

Sam, Achim: **Clean your Life. In sechs Wochen zur Bestform.** Verlag Zabert Sandmann, München

Schocke, Sarah; Dotterweich, Eva: **Clean Eating Kochbuch: Echtes Essen. Natürliche Bewegung. Neues Lebensgefühl. Natürlich essen mit 130 Rezepten aus der Vollwertküche, natürlich bewegen mit Yoga und vielen Tipps für mehr Fitness,** Christian Verlag, München

Woodward, Ella: **Deliciously Ella: Genial gesundes Essen für ein glückliches Leben,** Bloomsbury, Berlin

ADRESSEN

aid infodienst
Ernährung, Landwirtschaft,
Verbraucherschutz e.V.
Heilsbachstraße 16
53123 Bonn
www.aid.de

Biokiste
Unter www.biokisten.org finden
Sie die Links zu Lieferanten von
frischem Bioobst und -gemüse
aus Ihrer Region sowie vielen
anderen Bioprodukten.

BVDM Bundesverband der
Vorzugsmilcherzeuger und Di-
rektvermarkter von Milch und
Milchprodukten
Up'n Saal 7
21255 Dohren
www.milch-und-mehr.de
Tel.: 04182/291 90 01
Hier finden Sie Adressen von
Vorzugsmilcherzeugern.

**Deutsche Gesellschaft
für Ernährung e.V.**
Godesberger Allee 18
53175 Bonn
www.dge.de

**Österreichische
Gesellschaft für Ernährung**
c/o AGES Bürotrakt WH
Spargelfeldstraße 191
A-1220 Wien
www.oege.at

**Schweizerische
Gesellschaft für Ernährung**
Schwarztorstrasse 87
Postfach 8333
CH-3001 Bern
www.sge-ssn.ch

Links

www.biokisten.org
Hier können Sie online Biopro-
dukte bestellen und bequem
nach Hause liefern lassen.

www.hannahfrey.de
Homepage der Autorin

www.lebensmittelklarheit.de
Informationen für Verbraucher
rund um gesunde, sichere Lebensmittel.

www.projekt-gesund-leben.de
Gesundheitsblog der Autorin

www.zugutfuerdietonne.de
Informationen zum Mindest-
haltbarkeitsdatum und mehr.

Apps

Barcoo
Mit dieser App können Sie den
Barcode von Lebensmitteln
einscannen, erfahren alles über
dessen Inhaltsstoffe und bekommen eine Bewertung, ob sie
gesund sind oder nicht.

Bio 123 und **Such Dich Grün**
Mit diesen beiden Apps können
Sie die Bioläden in Ihrer Nähe
finden. Einfach Postleitzahl ein-
geben und Kategorie wählen.

**Clean Eating –
Gesunde Rezepte**
Cleane Rezepte satt und eine
integrierte Einkaufsliste dazu.
Lecker und praktisch!

Der nachhaltige Warenkorb
bietet Tipps für alle, die nachhaltig konsumieren und leben
möchten. Beschränkt sich nicht
nur auf Lebensmittel sondern
liefert Infos zu allen Dingen des
täglichen Konsums.

Einkaufsliste – Einkaufszettel
Kostenlose und unkomplizierte
App ohne Schnick-Schnack.

**Einkaufsliste denkst-du-
daran** und **Familien-Ein-
kaufsliste**
Mit diesen Apps können Sie
Ihre Einkaufslisten in Echtzeit
verwalten und aktualisieren,
sodass alles Familienmitglieder
jederzeit wissen, was noch zu
besorgen ist. Die Listen sind perfekt organisiert.

Einkaufsratgeber Fisch
Diese Greenpeace-App zeigt,
welche Fischarten aus gesunden
Beständen stammen und schonend gefangen wurden.

NABU Siegel-Check
55 Biosiegel gibt es aktuell. Kennen Sie alle? Einfach das Logo
fotografieren und Sie erfahren,
ob ein Lebensmittel wirklich gut
für Umwelt, Klima und Natur ist.

Saisonkalender
Mit dieser App wissen Sie stets,
welche Obst- und Gemüsesorten
gerade Erntezeit haben.

SACHREGISTER

REGISTER

YOGA

REZEPTE

Frühstück

Salate

Suppen

Hauptgerichte

Smoothies

Süßes

Clean Basics

IMPRESSUM

© 2016 GRÄFE UND UNZER
VERLAG GmbH, München

Projektleitung: Marline Ernzer, Simone Kohl

Lektorat: Janette Schroeder, Berlin

Bildredaktion: Nadia Gasmi

Umschlaggestaltung und Layout: indepen-
dent Medien-Design, Horst Moser, München

Herstellung: Susanne Mühldorfer

Satz: Longo AG, Bozen

Reproduktion: Longo AG, Bozen

Druck und Bindung:
F&W Druck- und Medienzentrum, Kienberg

Printed in Germany

Bildnachweis

Fotoproduktionen:
Cover: Vivi D'Angelo, München
Food: Jörn Rynio, Hamburg
Übungen: Johannes Rodach, München
Illustrationen: Claudia Klein, München

Weitere Fotos:
Fotolia: S. 46, 47 oben; 48 unten, 49 oben; Getty Ima-
ges: S. 6; iStockphoto: S. 49 oben und mitte, 51 oben
und mitte; Plainpicture: S. 36; Wolfgang Schardt: S. 21;
Shutterstock: S. 47 unten, 48 oben, 49 unten, 51 unten;
Stockfood: S. 99; Stocksy: S. 4, 126.

Syndication: www.jalag-syndication.de

ISBN 978-3-8338-4805-6

1. Auflage 2016

Die GU-Homepage finden Sie unter www.gu.de

Wichtiger Hinweis

Die Gedanken, Methoden und Anregungen in diesem
Buch stellen die Meinung bzw. Erfahrung der Verfasser
dar. Sie wurden von den Autoren nach bestem Wissen
erstellt und mit größtmöglicher Sorgfalt geprüft. Sie
bieten jedoch keinen Ersatz für persönlichen kompe-
tenten medizinischen Rat. Jede Leserin, jeder Leser ist
für das eigene Tun und Lassen auch weiterhin selbst
verantwortlich. Weder Autoren noch Verlag können für
eventuelle Nachteile oder Schäden, die aus den im Buch
gegebenen praktischen Hinweisen resultieren, eine Haf-
tung übernehmen.

Liebe Leserin, lieber Leser,

haben wir Ihre Erwartungen erfüllt?
Sind Sie mit diesem Buch zufrie-
den? Haben Sie weitere Fragen zu
diesem Thema? Wir freuen uns auf
Ihre Rückmeldung, auf Lob, Kritik
und Anregungen, damit wir für Sie
immer besser werden können.

GRÄFE UND UNZER Verlag
Leserservice
Postfach 86 03 13
81630 München
E-Mail:
leserservice@graefe-und-unzer.de

Telefon: 00800 / 72 37 33 33*
Telefax: 00800 / 50 12 05 44*
Mo–Do: 9.00 – 17.00 Uhr
Fr: 9.00 – 16.00 Uhr
(* gebührenfrei in D, A, CH)

Ihr GRÄFE UND UNZER Verlag
Der erste Ratgeberverlag – seit 1722.

Umwelthinweis

Dieses Buch wurde auf PEFC-zertifizier-
tem Papier aus nachhaltiger Waldwirt-
schaft gedruckt.

 www.facebook.com/gu.verlag

GRÄFE
UND
UNZER

Ein Unternehmen der
GANSKE VERLAGSGRUPPE